Nachtwacht
De poort der zielen

Het verhaal van de film

Dit boek is een realisatie van:

STUDIO 100

Met medewerking van Jeroen Vermeiren, Saskia Martens, Laure De Mesmaeker, Inge Laenen, Gert Verhulst, Hans Bourlon en Anja Van Mensel.

Gebaseerd op het verhaal van de gelijknamige tv-serie 'Nachtwacht' van Gert Verhulst, Hans Bourlon, Anja Van Mensel, Sven Duym, Tom Vermeyen, Gert-Jan Booy, Nico De Braeckeleer, Elke De Gezelle, Koen Sonck, Nine Cornelissen en Lotte Troonbeeckx.

Wettelijk depot: D/2018/8069/52
ISBN: 978-94-6277-351-6
NUR: 280
Eerste druk: januari 2019

Inhoudstafel

'De poort der zielen. Een doorgang naar de diepste duisternis, dieper nog dan de Onderwereld zelf. Een oude vijand van de Nachtwacht zit erin gevangen. Maar voor hoe lang nog?'

-Vega

HOOFDSTUK 1

DE BURCHT

De sfeer in de burcht was grimmig. Het weinige licht dat er was, kwam van toortsen en kaarsen, die grillige schaduwen tekenden op de muren. Door een netwerk van gangen sleepte een gebochelde gedaante zich voort. Zijn hoofd zat grotendeels verscholen onder een kap en dat was maar goed ook, want een vogelverschrikker zag er beter uit dan hij. In zijn mond stonden geen tanden, maar bruinzwarte rotte stompjes. De walm die van tussen zijn lippen opsteeg, hield het midden tussen de geur van een middeleeuwse riool en die van een rottend slangenkadaver in de tropische middagzon.

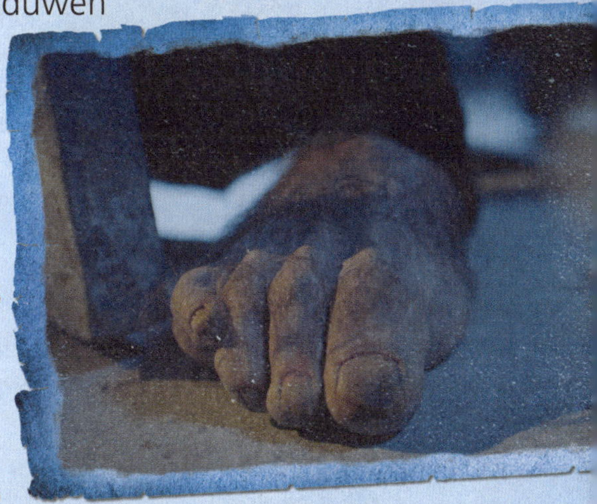

Zijn naam had deze trieste en tegelijk ontzagwekkende verschijning ook al niet mee: Renvie. Hij leek te suggereren dat je maar beter voor je leven kon rennen als dit sujet je pad kruiste. En in zekere zin was dat ook zo.

Renvie duwde een deur open die naar een overwelfde ruimte leidde, die veel weg had van een kapel. Bij elke stap die hij zette, moest hij de klompvoet aan zijn andere been bijtrekken. In het midden stond een grote spiegel die omboord was met beenderen en kleine doodskoppen.

Boven aan de spiegel prijkte een grote, menselijke schedel met een boosaardige uitdrukking. Het was niet de eerste keer dat Renvie de spiegel zag en ook niet wie erin schuilging, maar toch was hij telkens weer angstig en voelde hij zich ongemakkelijk. Hij knielde voor de indrukwekkende spiegel.

'Mijn koningin', zei hij nederig.

In de spiegel was een in nevel gehulde gedaante zichtbaar. Eerst zag Renvie niet meer dan een paar vage contouren, maar de vrouw in de spiegel werd steeds beter zichtbaar. Ze had een demonisch wit gezicht en was helemaal in het zwart gehuld. Op haar hoofd stond een kroon met hoorns en ze was gehuld in een zwart, koninklijk gewaad. Op de toppen van haar vingers droeg ze een soort stalen nagels, waardoor haar handen net klauwen leken.

En dan was er nog de opvallende hanger rond haar nek, met een opvallend medaillon.

'De tijd van de wraak is aangebroken', zei ze dreigend. 'Maak je klaar om te vertrekken naar de mensenwereld. En onthoud: voer je opdracht goed uit en je zal rijkelijk worden beloond.

Al hun kostbaarheden zijn voor jou.'

Renvie wreef zich verkneukelend in zijn vieze handen – zijn vingernagels waren al even vies en rot als het kerkhof in zijn mond – en lachte gulzig en nederig tegelijk.

'Ja, ja, v-v-voor Renvie', stotterde hij. 'Uw wil geschiede, mijn koningin.'

Renvie boog zo diep als hij maar kon en bleef dat doen terwijl hij achterwaarts weer naar de deur strompelde.

De vrouw in de spiegel greep naar het medaillon aan haar halsketting en begon ertegen te praten.

'Je vriendje Vega en zijn hele kliek zullen boeten voor wat ze me hebben aangedaan. En daarna zal de Poort der Zielen in volle glorie herrijzen om de demonen van de nacht los te laten. En ik, Nemmeza, zal heersen over de eeuwige duisternis!'

De kapel lichtte op door een plotse bliksemflits, die even later gevolgd werd door een onheilspellende donderslag.

HOOFDSTUK 2

INFERI-CARNAVAL

Sacha kuierde over het dorpsplein van Schemermeer. Er was behoorlijk wat leven in de brouwerij. Het dorp maakte zich duidelijk op voor een feest. Niet ver van de herberg stond een kraampje met verkleedspullen. Sacha bleef staan en keek bewonderend naar een mooie halsketting.

'Help je me nog even met deze vast te maken?' zei de stem van Keelin achter haar. Haar armen waren gevuld met slingers.

De meisjes gingen aan de slag en brachten de versieringen aan rondom het terras van de herberg.

Wat verderop was Wilko druk bezig met een kar en een lading brandhout. Hij kieperde het hout neer naast een grote, stalen vuurschaal. Het alziende oog van Cooper keek kritisch toe.

'Zorg voor voldoende blusmiddelen als dit aangaat. Alles is kurkdroog', zei hij streng.

'Goh, ik ben blij dat je al in zo'n feestelijke stemming bent',
reageerde Wilko.

'Iemand moet hier opletten en zorgen dat Schemermeer veilig blijft', antwoordde Cooper nors. 'En aangezien jij die persoon niet bepaald bent...'

Wilko schonk de ranger een minzame lach. 'Zo is het, Coop. Waar zouden we zijn zonder jouw wakende oog?'

Cooper stak wijzend een vinger uit naar Wilko. 'Ah! Je weet het!' Hij draaide zich om en beende weg.

Wat verderop vrolijkte Helena de tafeltjes op haar terras op met kleurrijke tafellakens.

'Hé, heb je je verkleedkleren al klaarliggen?' vroeg ze, toen Cooper kwam voorbijgewandeld.

De ranger hield halt en keek de herbergierster ernstig aan. 'Helena, je snapt ook wel dat ik me als gezagsdrager niet kan inlaten met verkleedfeestjes.'

'Dit is toch geen gewoon verkleedfeestje? Wanneer is het nou Inferi-Carnaval in Schemermeer, eens in de 80 jaar of zo?' plaagde Helena.

'Eens per 77 jaar', verbeterde Cooper haar.

'Juist! Maar één keer in je leven', reageerde Helena. 'Dus?'

Cooper haalde zijn schouders op. 'Dus niets. Het gezag blijft in functie.'

'Oké. Nou... jammer dan.'

Helena ging verder met haar werk. Cooper maakte aanstalten om weg te stappen, maar iets hield hem tegen.

Het leek wel alsof hij Helena iets wilde vragen.
'Is er iets?' vroeg Helena.
Ze overviel Cooper. 'Ja... Ik euh...' stamelde hij. 'Ik euh... moet op inspectieronde!'
De ranger stapte snel naar zijn jeep en tufte vervolgens het plein af.
Toen Wilko klaar was met het hout, vervoegde hij Keelin. 'Het is tijd om te gaan', zei hij zacht.
Keelin knikte. 'Eens kijken waar Vlad blijft.'
De twee wilden naar binnen gaan, maar dat was buiten Sacha gerekend, die haar vrienden enthousiast aanklampte. Ze droeg een dienblad met hapjes. 'Weten jullie al wat jullie aandoen straks?'
'Ik ga als magisch wezen', lachte Keelin. 'Maar welk wezen precies, dat verklap ik nog niet.'

Keelin liep naar de deur van de herberg. Wilko wilde haar achternagaan, maar Sacha hield hem tegen.
'En jij?' vroeg ze.
De vraag overviel Wilko.
Ik? Euh... Ik ga als...'
Hij kon niet zo meteen iets bedenken en dat maakte van hem een vogel voor de kat.
'Je hebt nog niets zeker', zei Sacha gespeeld streng. 'Precies wat ik dacht! Maar ik ga dat voor je oplossen.' Ze duwde het dienblad in Wilko's handen. 'Hier, verdeel jij deze hapjes maar over de tafels op het terras.'
Wilko kreeg niet de kans nog iets tegen Sacha's woorden in te brengen, want ze ging er als een halve wervelwind vandoor.

HOOFDSTUK 3

HET GEHEIM VAN VLAD

Vladimir stond voor het boek van Vega, die druk in de weer was met ouderwetse hoeden en capes. Vega wisselde gedurig van outfit en monsterde zichzelf in een grote staande spiegel. Ondanks zijn op het eerste gezicht zorgeloze bezigheid was hij in een ernstig gesprek verwikkeld met Vlad.

'Dat zal allemaal wel, maar ik begrijp niet dat je dit zo lang hebt uitgesteld,' zei Vega.

'Ik wacht op het juiste moment,' antwoordde Vlad.

'Dat moet dan snel komen, want de delegatie komt over een half uur aan.'

'Ja, ik weet het,' knikte Vlad gefrustreerd.

Vega keek zijn vriend aan. 'Zal ik het anders vertellen, dan...'

Vlad liet hem niet uitspreken. 'Nee! Nee, ik doe het. Echt. Zodra we onderweg zijn.'

Keelin stapte vrolijk de kamer in. Vega en Vlad schrokken.

'Oei, geheimpjes aan het bespreken?' zei ze plagerig.

'Echt niet,' haastte Vlad zich te zeggen. 'Vega is gewoon zenuwachtig, omdat hij straks uit zijn boek mag.'

'Ja,' knikte Vega. 'En dat gebeurt maar eens in de 77 jaar dus ik wil goed voor de dag komen. Wat denk je, deze?'

77

Vega zette voor de zoveelste keer een andere hoed op en poseerde voor Keelin. Net dan kwam ook Wilko het privévertrek van de Nachtwacht binnengewandeld.

'Dat belachelijke verkleedgedoe, wie wil daar nou aan meedoen,' mopperde hij. Pas dan viel zijn blik op Vega. 'O... hey Vega,' lachte Wilko onwennig.

De blik die Vega Wilko toewierp verried dat hij beledigd was.

'Dit zijn officiële tenues om de delegatie en straks de President te ontvangen. Zorg jij er nu maar voor dat je je fatsoenlijk weet te gedragen, wolfmans.'

'Ja, ja,' suste Wilko, 'beleefd en alert, we weten het.'

Vega keek de Nachtwacht ernstig aan. 'Vandaag gaat het Portaal open, de doorgang tussen de werelden,' waarschuwde hij. 'En die opening kan wezens uit de Onderwereld aantrekken die hier niets te zoeken hebben, zeker niet op deze speciale dag.'

'We zullen opletten Vega,' stelde Keelin hem gerust.

'Juist,' knikte Vega, 'want jullie zijn?'

'De Nachtwacht,' antwoordde Keelin. 'Verantwoordelijk voor de veiligheid van de aardbewoners...'

'En die van onze bezoekers,' vulde Wilko aan.

Hij en Keelin schoten in de lach.

'Zullen we gaan?' vroeg Vlad. Hij klonk zakelijk, om niet te zeggen kortaf. En dat was zijn vrienden allesbehalve ontgaan.

HOOFDSTUK 4

DE MAGIËR

Cooper stuurde zijn jeep door het bos. Hij was druk in gesprek, leek het. Maar er zat niemand naast hem.

'Helena... ondanks dat ik natuurlijk in functie ben, zouden we misschien een dansje kunnen wagen.'

De ranger schudde het hoofd. Nee, dat was niet de juiste toon.

'Kom, voetjes van de vloer, Helena!' probeerde hij. 'Nee... dat is 't ook niet, hé jong', mopperde hij tegen zichzelf.

Een felle lichtflits deed Cooper opschrikken uit zijn gemijmer over hoe hij Helena het beste ten dans kon vragen. De ranger remde en sprong uit zijn auto. Tussen het gebladerte verderop kringelden rookpluimpjes naar boven.

'Brandstichters!' sakkerde Cooper. Hij zette het op een lopen. Dat tuig zou hij dadelijk eens een lesje leren. Wie was er nu zo onverantwoord om op een droge zomerdag met vuur te spelen in een bos?

Cooper sloop tussen de bomen en het kreupelhout door. Hij probeerde zo stil mogelijk te zijn, want deze vuur stokende gek wilde hij niet laten ontkomen.

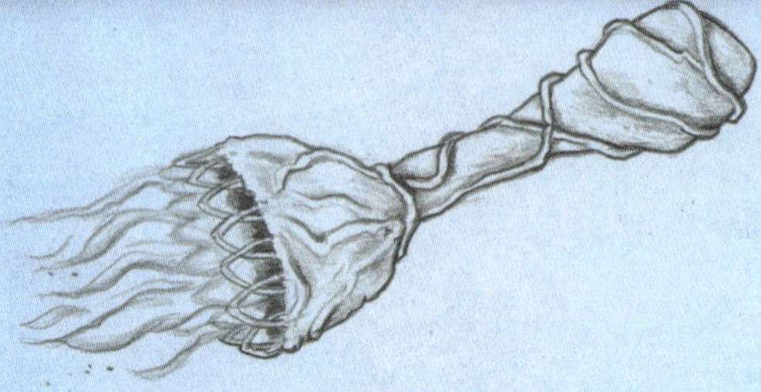

Die kerel mocht een nachtje in Hotel Cooper doorbrengen.

Coop hield halt.

Op een paar meter van hem stond een jongeman met een kapmantel en een vreemd soort wandelstok. Boven op de wandelstok zat een glazen bol, die opgloeide. De vreemde snuiter richtte het ding op een boomstam.

'Sentimara', zei hij.

De steen brandde een teken in de boomstam, waardoor er weer een beetje rook omhoog kringelde.

Nu was het welletjes geweest, brieste Cooper in zichzelf. Hij stormde uit het struikgewas tevoorschijn.

'Jij daar! Wat moet da...' brulde de ranger.

Nog voor hij zijn zin afgemaakt had, repliceerde de man met de kapmantel met een luide kreet.

'Exfunaro!'

Cooper gilde het uit. Hij vloog meters door de lucht, zijn armen molenwiekend op zoek naar houvast.

'Aaaaaah!'

Hij kwam met een smak op de grond terecht en ook uit hem stegen rookpluimpjes op. De ranger was bewusteloos. Compleet van de wereld. Zo weg als wat.

HOOFDSTUK 5

HET PORTAAL

Dus nu komt er eerst een lid van de Hoge Raad en dan straks de president', zei Wilko, terwijl hij en de andere twee door het bos liepen.

'Juist', bevestigde Keelin. 'En die doet dan een magische ceremonie om onze voorwerpen op te laden.'

'Dat is wel nodig ook, want ik heb al een poosje het gevoel dat er nog maar weinig kracht in zit', antwoordde Wilko.

Keelin knikte. 'Ik ook.'
Ze keek naar Vlad. 'Weet jij hoe dat gaat, dat opladen?'

'Huh?' reageerde Vlad verstrooid.

'Jij bent er lekker bij vandaag', plaagde ze. 'Die ceremonie van de president van de Raad. Weet jij daar wat van?'

'Euh ja…' zei Vlad.
'Daar wilde ik het nog over hebben. Voor we verdergaan, is er iets dat ik moet…'

Wilko onderbrak Vlad. Hij wees voor zich uit.
'De auto van Cooper, wat doet die hier?' vroeg hij.

'Hij is toch niet bij het portaal?' zei Keelin.
'We moeten hem tegenhouden voor hij alles in de war stuurt!'

Voor Vlad verder nog iets kon zeggen, gingen Keelin en Wilko ervandoor.

'Exfunaro!' hoorden ze iemand roepen, gevolgd door een kreet die onmiskenbaar bij Cooper hoorde.

Wilko en Keelin zagen de ranger enkele meters door de lucht vliegen en met een smak op de grond neerkomen. Die arme Coop was buiten westen. En er was nog iets: er leek wat rook uit hem op te stijgen.

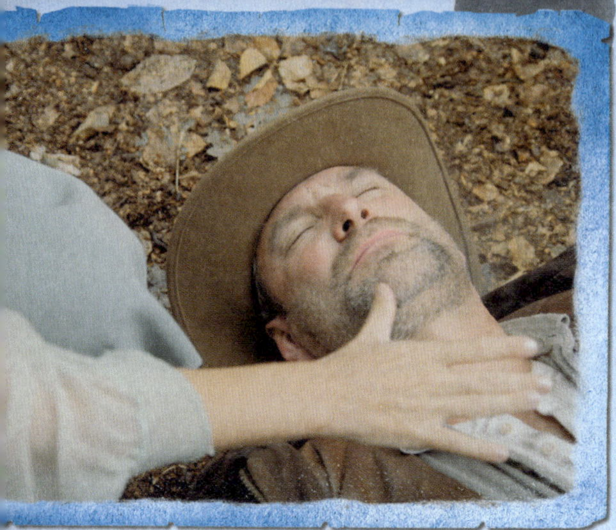

Keelin hurkte naast Cooper en hield haar hand boven zijn lichaam. Vlad kwam naast haar staan. Wilko stond een paar passen verderop de omgeving af te speuren.

'Hij is alleen bewusteloos', zei Keelin.

'Magie?' vroeg Vlad.

'Ja, maar...'

Keelin werd overstemd door Wilko.

'Daar is die vuilak. Kom op!'

Hij transformeerde en stormde er strijdlustig vandoor.

'Wilko, wacht nou even!' riep Vlad hem na, maar hij had net zo goed niets kunnen zeggen. Hij keek Keelin even aan. 'Waarom kan hij nou nooit eens wachten?'

'Exfunaro!' klonk het weer. Een lichtflits gloeide op tussen de bomen.

'Hoe vaak nog, Wilko', mompelde Vlad. Hij en Keelin transformeerden nu ook. Vlad ging ervandoor met vampiersnelheid. Keelin wilde hem volgen, maar er was iets wat haar aandacht trok. Ze zag een teken op een boom. Ze herkende het meteen.

Wilko krabbelde weer recht, maar de kerel met de mantelkap hield zijn staf of stok of wat het ook was alweer in de aanslag.

'Laat af, gij harig monster!' riep hij. Hij wilde een nieuwe spreuk op Wilko afvuren, maar Vlad dook net op tijd op. Hij vloog op de staf af en er ontstond een worsteling. Wilko kwam overeind en schoot Vlad te hulp.

De twee hielden de jongeman tegen een boom gekneld.
'Nee, maar u bent…' stamelde hij. Hij kreeg niet de kans zijn zin af te maken.
'Ja, wij zijn de Nachtwacht en jij gaat terug naar de onderwereld, mislukte tovenaar', snauwde Wilko.

Keelin kwam paniekerig aangerend. 'Jongens!'
'Keelin, een ad inferos!' zei Vlad.
'Nee, laat hem los!' gebood Keelin.
Vlad en Wilko keken elkaar verward aan.
De twee keken haar verward aan.
'Heer… Vladimir…' kreunde de man.
'Dit is de gezant van de Raad, witte magie, geen zwarte', zei Keelin met opgetrokken wenkbrauwen.
De man stond nog steeds tegen de boom geklemd.
'Dat… klopt…' perste hij uit zijn mond.
Vlad en Wilko lieten de stok los.

WOW

'Dank u', zei de magiër. Hij deed zijn kap af.

Voor hen stond een knappe jongeman, met lang haar en een hoofdband.
De man boog diep voor Vlad.

'Gideon van Genezijde, magiër van de Hoge Raad, om u te dienen', zei hij. 'Heer Vladimir, vergeef me deze vreselijke vergissing.'

'Heer Vladimir?' herhaalde Wilko smalend.

'Ja, zo kan het ook, hé', wreef Vlad erin bij Wilko. Toen wendde hij zich tot de magiër. 'Het is al goed, heer Gideon, de fout ligt ook bij ons. Sommige van onze Nachtwachtleden zijn soms wat... onstuimig.'

Wilko keek verontwaardigd. 'Onstuimig?

Wat wil je als er hier eentje als een idioot met zijn toverstok loopt te zwaaien', brieste hij.

'Beleefdheid is klaarblijkelijk niet een van uw deugden. Net zomin als gehoorzaamheid aan uw leider', antwoordde Gideon gevat. Hij liet zijn blik van Wilko weer naar Vlad dwalen. 'De weerwolf kan zijn driften niet beteugelen, zoals zo vele van zijn soort. Hij heeft nog veel te leren.'

Zoiets moest je natuurlijk niet zeggen met Wilko in de buurt. Hij zette dreigend een stap vooruit. 'Pardon? Wie denk je wel niet dat je bent, praatjesmaker?'

'Ik zei wel dat je moest wachten', zei Vlad fijntjes en niet zonder leedvermaak. Hij had er stiekem heel wat plezier in dat de magiër Wilko zo gemakkelijk op zijn paard kreeg.

'O ja?' smaalde Wilko. 'En wie heeft jou dan ineens "de leider" gemaakt?' vroeg hij aan Vlad.

Gideon negeerde Wilko en draaide zich elegant naar Keelin.

'Vrouwe Keelin, moedige vertegenwoordiger van het Elfenrijk. Het is een eer u te ontmoeten.'

Gideon knielde en kuste Keelins hand. 'Uw stralende schoonheid doet de sterren verbleken', vervolgde hij.

'Ja... dat valt ook wel weer mee, denk ik', antwoordde Keelin wat onwennig, maar ook duidelijk gecharmeerd. 'Maar dank u, heer magiër.'

Wilko porde Vlad. 'Wie heeft die paljas hiernaartoe gestuurd? Wat komt hij doen?' siste hij.

Vlad negeerde Wilko's opmerking. 'Keelin, Wilko, luister. Er is iets dat ik jullie moet...'

Vlad kwam niet verder, want er was iets anders dat iedereens aandacht trok. Tegenover het gezelschap stonden twee metershoge natuurstenen, met daarop nog eens een horizontale steen. Het had iets weg van een poort. Waarschijnlijk omdat het dat ook was. Net toen Vlad zijn vrienden in vertrouwen wilde nemen, kwam de poort tot leven. Lichtflitsen schoten heen en weer tussen de stenen en er stak ook een wind op. Gideon stapte naar de stenen en nam een plechtige houding aan. Even later bleek ook waarom. Er verscheen een gestalte, die – eens ze helemaal zichtbaar was – uit het portaal stapte. Het was een oudere man. Hij mankte en droeg een ooglapje. Gideon boog even voor hem, maar hield toen meteen de omgeving in de gaten.

De man keek naar de drie Nachtwachters. 'Gegroet, Nachtwacht', zei hij. 'De kracht zij met u.'

Vlad liep naar de man, legde zijn hand op zijn hart en boog plechtig. ‘En evenzeer met u’, zei hij. ‘Gegroet vader.’

‘Goed je te zien, mijn zoon’, antwoordde de man.

Keelin en Wilko keken elkaar stomverbaasd aan.

‘Zijn vader? Wist jij dat die kwam?’ zei Wilko zacht.

‘Nee, ik wist alleen dat er een lid van de Raad zou komen’, antwoordde Keelin.

Niemand had in de gaten dat er aan de achterkant van het portaal, net voor het zich weer sloot, nog een gedaante de mensenwereld binnendrong. Hij had een bochel, een klompvoet en een mond vol vieze, afgebrokkelde tanden…

HOOFDSTUK 6

ZO VADER, ZO ZOON

'Keelin en Wilko, het doet me deugd jullie eindelijk te ontmoeten', zei de vader van Vlad. 'Vlad heeft veel over jullie verteld.'

'Alleen de goeie dingen hoop ik', antwoordde Wilko.

Roman glimlachte. 'Zo verstandig is hij wel. En zijn oude vader hoeft ook niet alles te weten.'

Gideon stapte dichterbij. 'Graaf Roman, ik had last van enig oponthoud,' zei Gideon, 'maar de magische bescherming is bijna gereed.'

'Uitstekend', antwoordde Roman. 'Jullie hebben Gideon al ontmoet dus. Mooi.'

'Ja, dat klopt', knikte Keelin. 'Hij is een bijzonder kundige magiër.'

'Yeah right', siste Wilko smalend tegen Vlad, maar die hield zich neutraal.

'Vader,' zei Vlad, 'ik denk dat we moeten gaan. Vega staat te springen om uit zijn boek te komen.'

'Dat geloof ik graag', zei Roman. Hij draaide zich naar Gideon. 'Activeer de beschermingsring.'

De magiër tekende een cirkel in de lucht met zijn staf. 'Impervia!' riep hij.

Op de bomen rond de open plek lichtten allemaal tekens op, net zoals het teken dat Keelin had herkend als een symbool van witte magie. Vanuit Gideons staf vertrok een korte schokgolf, die de stiekeme gebochelde indringer een paar meter achteruit slingerde. Er ontstond een onzichtbaar veld rond het portaal, waar geen wezen meer doorheen kon.

'Wij zullen Cooper terugbrengen naar het dorp', zei Keelin.

Het gezelschap ging op pad naar Schemermeer. Net zomin als ze wisten dat er nog iemand was meegekomen uit de onderwereld, wisten ze dat die persoon hen nauwlettend in de gaten hield en volgde.

Renvie was vooral in de ban van de ring die Roman droeg. 'Voor mij... voor Renvie...' grinnikte hij vals.

Op het dorpsplein waren de voorbereidingen voor het carnavalsfeest nog altijd druk bezig. Wilko parkeerde Coopers auto voor diens kantoor.

'We zijn er', zei Wilko. 'Uitstappen!'

De ranger was weer bij bewustzijn, maar erg in de war. Hij stapte uit en wilde het plein oplopen, al was het woord zwalpen meer van toepassing.

'Is het feest al begonnen?' zei Cooper vrolijk. 'Helena!' riep hij vervolgens.

'Ho, stop', suste Wilko. 'We moeten die kant op.'

Wilko manoeuvreerde Cooper naar de deur van zijn kantoor.

'Binnen', lachte Keelin. 'Helena is binnen.'

'Aha!' riep de ranger uit. Hij gooide de deur van zijn kantoor open en waggelde naar binnen. 'Hier ben ik!' riep hij. 'Helena?'

'Ze is achterin', loog Keelin, terwijl ze Cooper een duwtje gaf. 'Tijd voor een vergeetspreuk', zei ze nog snel tegen Wilko voor ze de deur sloot.

Wilko liep met een grijns het dorpsplein op.

'Waaaaah!' klonk het schreeuwerig achter hem.

Wilko schrok zich het apezuur. Hij keek in het gezicht van een harig monster. Het monster schoot in een smakelijke lach en trok zijn masker af. Toen bleek dat hij een zij was. Sacha schaterde het uit.

'Ik wist wel dat je eigenlijk een bangerik was.'

'Gelukkig dat monsters niet echt bestaan, hé', speelde Wilko mee. 'Behalve jij dan.'

'Wat vind je ervan?' vroeg Sacha. 'Echt iets voor jou, dacht ik. Verderop gekocht, net als deze.' Sacha greep naar haar halssnoer. 'Mooi hé?' kirde ze. Toen gaf ze het masker aan Wilko. 'Zet eens op.'

Wilko trok het masker over zijn hoofd en begon aapachtige geluiden te produceren. Hij sprong rond en sloeg ondertussen op zijn borst.

'Dat is geen monster, dat is een aap', protesteerde Sacha.

'Dat kan toch ook', reageerde Wilko. 'Oeh, oeh, ah, ah.'

Wilko maakte nog wildere sprongen en sloeg nog wilder op zijn borst. Toen hij zich omdraaide, stond hij plots oog in oog met Gideon.

'Wat zou deze wereld zonder u moeten', zei de magiër droog. Vervolgens stapte hij op Sacha af. Hij boog, nam haar hand en drukte er een kus op.

'Nobele vrouw, ik ben vereerd u te ontmoeten. Gideon is de naam.'

Sacha was erg onder de indruk van Gideon. 'O... goh... euh... ik ben Sacha', stamelde ze.

'Sacha', herhaalde Gideon.

'Voorwaar een prachtige naam die bij u past.'
Gideon wees naar de halsketting rond Sacha's nek.

'En dit sieraad zet uw schoonheid nog meer luister bij.'

Wilko had het masker snel weer afgedaan en keek nijdig toe hoe Gideon het mooie weer maakte bij Sacha.

'U bent van buiten het dorp zeker?' zei Sacha. 'Bent u hier voor het feest? Wat een prachtig kostuum is dit. Laat me raden... een tovenaar?'

'Magiër', verbeterde Gideon haar vriendelijk.

Sacha staarde hem bewonderend aan. Hij was nog knap ook, dacht ze.

'Kijk,' zei ze, terwijl ze zich naar Wilko draaide, 'hier kan jij nou een voorbeeld aan nemen, zo'n elegante outfit, in plaats van de aap uit te hangen.'

Als Wilko's humeur al rond het vriespunt zat, dan was het er zonet diep onder gezakt.

'Ik ga me echt niet verkleden als goochelaar', zei hij bits.'Magiër', reageerde Gideon fijntjes.

Ook Roman en Vlad stapten nu door de poort van Schemermeer het dorpsplein op.

'Dat is lang geleden', zei Vlads vader.

Hij keek om zich heen en nam de geuren diep in zich op. Toen legde hij zijn hand op Vlads schouder. 'Kom, jongen.

De twee wandelden het plein op. Ze zagen Gideon, Wilko en Sacha bij elkaar staan en zetten koers naar hen.

'Wellicht is het tijd dat iemand u eens manieren leert', zei Gideon tegen Wilko.

Wilko's ogen spuwden vuur.

OPGEPAST

'En wie wilde je daarvoor meenemen?'

Sacha probeerde de gemoederen te bedaren. 'Jongens, doe eens rustig.'

'Ik ben rustig... Goochelaar!' sneerde Wilko.

Roman en Vlad vervoegden het drietal. De sfeer tussen Wilko en Gideon was duidelijk gespannen, merkte Roman.

'Alles in orde hier?' vroeg Vlads vader.

'Welzeker, graaf', antwoordde Gideon.

Sacha staarde Roman met open mond aan. Nog zo'n man die prachtig verkleed was!

En die gelaatstrekken deden haar aan iemand denken.

Keelin kwam het kantoor van Cooper uit en vervoegde de anderen.

'Hoe is het met Cooper?' vroeg Vlad haar.

'Druk aan het werk', knipoogde Keelin.

Roman knikte naar Sacha. 'Jongedame', zei hij plechtig.

Vervolgens stapte hij naar de ingang van de herberg.

Sacha staarde van Roman naar Vlad en weer terug.
'Vlad, is dat je...' Sacha kon haar vraag niet afmaken, want Keelin kwam enthousiast tussenbeide.
'Zijn vader!' lachte ze breed. Ze huppelde achter de anderen aan.

Elders op het dorpsplein stond Renvie verdekt opgesteld. Hij volgde Keelin met zijn blik, tot ze verdwenen was. Vervolgens dwaalden zijn ogen over de halsketting rond Sacha's nek.
'Z-z-zo m-m-mooi', stotterde hij begerig.

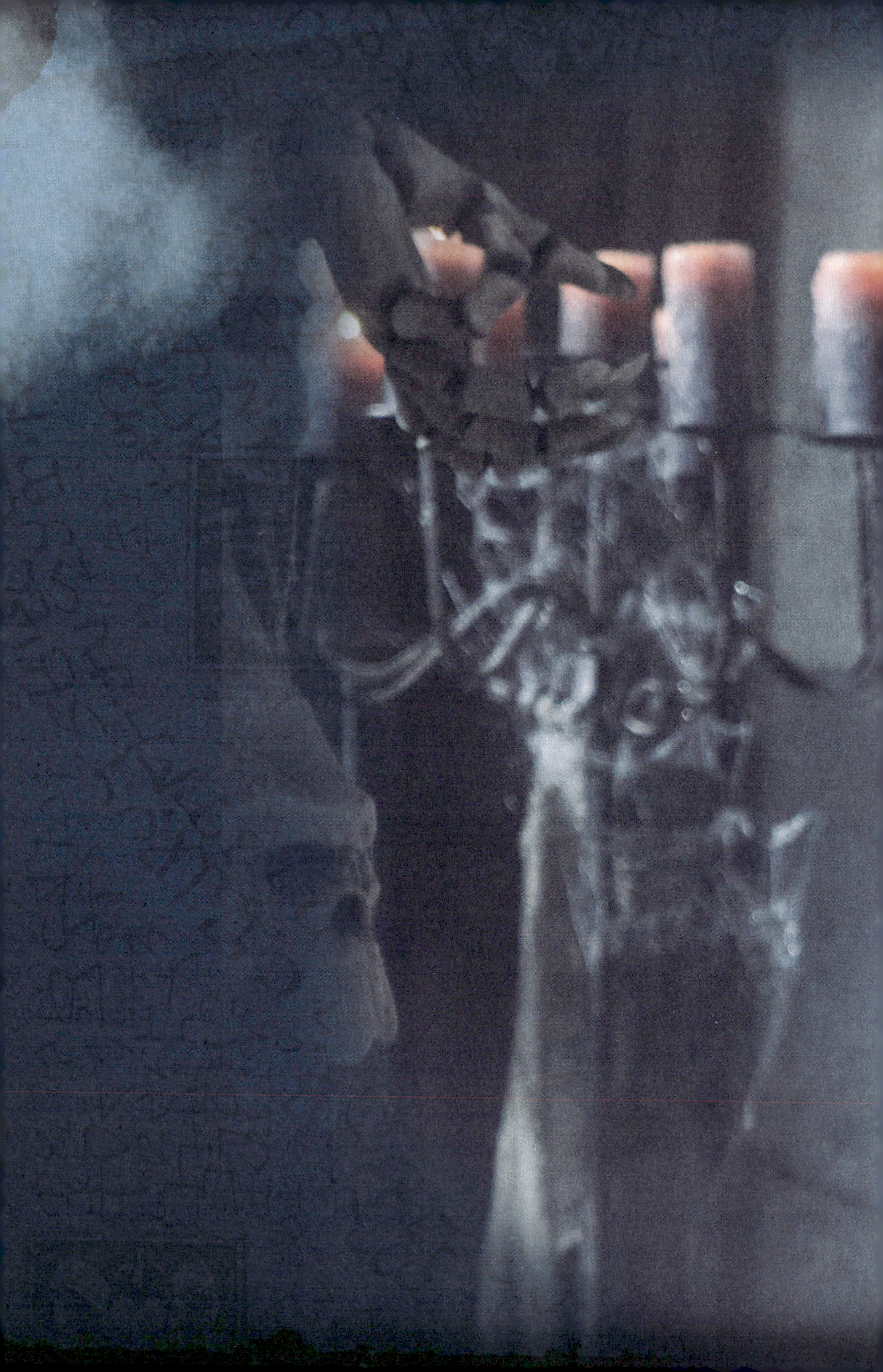

HOOFDSTUK 7

OUDE VRIENDEN

Staan die boeken nu nog niet in de kast?!' klonk het luid. Het was een vertrouwde stem die het zei en ze klonk Vega als muziek in de oren.

'Hoor ik daar een bloedzuiger?' antwoordde Vega, terwijl hij tevoorschijn kwam in zijn boek.

'Zie ik daar een bokkenpoot?' antwoordde Roman.

Wilko en Keelin keken elkaar lachend aan. 'Bokkenpoot?' fluisterde Wilko.

'Het is veel te lang geleden', zei Vega.

'Ja', knikte Roman. 'Het was een lange reis langs de buitengrenzen. Maar ik ben er weer, want dit kan ik niet missen. Jij uit je boek. En natuurlijk Vlad...'

Roman keek naar zijn zoon, die duidelijk niet wist welke houding aan te nemen. Het was iets dat ook Wilko en Keelin opviel. Vega zag het en haastte zich om de aandacht van Vlad af te leiden.

'Zeg, ga je me nog uit dit boek halen of hoe zit dat?' riep hij uit.

'Nog altijd zo geduldig, merk ik', lachte Roman.

Gideon zette een stap naar voren en boog voor Vega. 'Heer Vegadeo', zei hij respectvol.

Vega knikte. 'Gideon.'

Keelin trok Vlad aan zijn mouw. 'Zeg, wat bedoelde je vader met "en natuurlijk Vlad"?'

Vlad kreeg niet de kans iets te zeggen, want Roman vroeg plechtig de aandacht van het gezelschap.

Roman nam het boek met Vega erin en legde het in het midden van de ronde tafel. 'Leden van de Nachtwacht,' zei Roman ernstig, 'het is tijd voor uw raadgever en mentor om gedurende zeven uren deze wereld te betreden. Kom elk bij uw eigen symbool aan de tafel staan.'

Keelin, Vlad en Wilko deden wat hen gevraagd werd en ook Roman koos een plekje aan de tafel.

'Richt uw voorwerpen op het boek, de laatste krachten van uw voorwerpen zullen helpen de weg vrij te maken', vervolgde Roman.

'Keelin, geen grapjes met ad en inferos nu, hé', knipoogde Vega.

Roman keek Vega aan. 'Tot zo, vriend', zei hij, om vervolgens het boek te sluiten.

Vlads vader keek de Nachtwacht aan. 'Herhaal mijn woorden', zei hij. 'Incarnate Tempera... Inicum Cantate...'

Vlad, Keelin en Wilko herhaalden telkens weer de spreuk. Hun tekens op de tafel lichtten op en het hele gebouw begon te daveren op zijn grondvesten.

Beneden waren Helena en Sacha aan het werk in de keuken. Er klonk een rinkelend geluid. Op de toog stond een dienblad met glazen die tegen elkaar aantikten.
'Wat is dit?' vroeg Helena verbaasd.

In de geheime kamer zweefde het boek van Vega nu boven de ronde tafel. Uit de voorwerpen van Vlad, Keelin en Wilko kwamen nu een ander soort stralen dan de stralen die ze gewend waren bij de ad inferos-spreuk.
'Kenobi Imperio... Corpus revelia... spiritus liberatus!' riep Roman.
De stralen wonnen nu nog aan kracht. Roman richtte zijn ring met het teken van de Hoge Raad nu ook naar het boek, waarna een schokgolf volgde. Het boek viel op tafel.
'Waar is hij?' vroeg Wilko.
'Aaaaaaaaah!'
Vega kwam met een ijselijke kreet uit de lucht vallen. Letterlijk. Hij plofte niet in de zetel, maar ernaast. Een zachte landing was het niet, maar dat kon de pret niet drukken, want de raadgever van de Nachtwacht had een lichaam van vlees en bloed. Meer kon hij zich niet wensen. Hij krabbelde recht en keek Vlad, Keelin en Wilko ontroerd aan.

'Nachtwachters,' zei hij, 'kom in mijn armen, eindelijk.'
De eerste die Vega in zijn armen sloot was Keelin.

'Aha, dat voelt goed. Zeg, in het echt ben je veel kleiner.'
'Jij anders ook', grapte Keelin terug.
Wilko was als volgende aan de beurt. Ook hij kreeg een warme knuffel van Vega.
'Ging jij je niet verkleden, eigenlijk?' vroeg Wilko.
'Dit leek me toch het beste', antwoordde Vega. 'Jij hebt toch ook altijd hetzelfde aan?' knipoogde hij, voor hij zich naar Vlad draaide.
'Mijn oude vriend', lachte hij.
'Pardon, dat was ik toch?' reageerde Vlads vader gespeeld gekwetst.
Vega en Vlad omhelsden elkaar.
'Heb je het nu nog niet verteld?' vroeg Vega fluisterend.
'Geen kans gekregen', antwoordde Vlad stilletjes.
'Doe het snel', zei Vega nog, voor hij Vlad weer losliet.
Tot slot wendde hij zich tot Roman. 'Nog oudere vriend', zei Vega warm.
'Waar is de tijd gebleven!' zei Roman. 'Het lijkt toch gisteren dat wij in hun schoenen stonden.' Hij knikte naar Keelin, Vlad en Wilko.
'Eens Nachtwacht, altijd Nachtwacht', zei Vega. 'Doen?'

Hij keek naar zijn drie pupillen van de Nachtwacht. 'Oké, goed opletten, hé!'

Hij en Roman gingen naast elkaar staan. 'Ad...' zei Vlads vader. Hij strekte zijn arm met de ring. Vega wilde zijn voorwerp tevoorschijn trekken, maar het zat aan een kettinkje en dat bleef haperen in zijn mantel.
Hoe hij ook prutste, hij kreeg het ding maar niet los.

De Nachtwachters schoten in de lach.

'Ad wat? Ad... vocaat?' plaagde Wilko hem.

'Ad... vertentie?' deed Keelin er een schepje bovenop.

'Attribuut', zei Wilko weer.

'Nee, nee', schudde Roman. 'Ad interim.
Ook dat is niet veranderd.'

Iedereen schaterde het uit.

Vega kreeg het kettinkje eindelijk los. Hij strekte zijn arm. In zijn hand prijkte een soort fluitje.

'Attentie!' riep hij.

Wilko staarde Vega vol leedvermaak aan. 'Een fluitje? Jouw voorwerp is een fluitje?'

'Een dwarsfluit', verbeterde Vega hem, lichtjes verongelijkt.

'Dat hoort bij zijn ware vorm', verduidelijkte Roman.

Vega keek hem bliksemend aan, waardoor de vader van Vlad nog meer ging grijnzen.

'Wat voor wezen ben je dan als je transformeert?' vroeg Wilko.

'Dat... dat gaat je niets aan,' stamelde Vega, 'want ik ga toch nooit meer transformeren.'

Roman knipoogde naar Wilko. 'Het is een gevoelig onderwerp', zei hij.

'Zullen we eens gaan?' zei Vega snel. 'We hebben nog een uur of twee voor de president arriveert, laten we die tijd goed benutten.'

'En de derde? Wie was het derde lid van jullie Nachtwacht?' vroeg Keelin. 'Komt die ook nog?'

Die vraag kwam hard aan, zowel bij Vega als bij Roman.
Vega keek Keelin aan. 'Je doet me aan haar denken', zei hij. 'En nee, zij komt niet vandaag.'
'Kom', doorbrak Roman de stilte die volgde op Vega's antwoord. 'Het is feest vandaag.'
Vega, Gideon en hij wandelden de kamer uit.
De drie Nachtwachters keken elkaar aan.
'Weet jij iets van dat derde lid?' vroeg Wilko aan Vlad.
'Nee', antwoordde Vlad kortaf. Ook hij liep de kamer uit.
'Wat is toch er met hem?' vroeg Keelin zich hardop af.
'Hij doet echt vreemd', knikte Wilko.
'Ik ga het hem straks vragen.'

HOOFDSTUK 8

HET VERDRIET VAN

Cooper zat aan een tafeltje op het terras van de herberg. Hij staarde afwezig voor zich uit, maar werd uit zijn mijmeringen gehaald door Helena, die een kop koffie voor hem neerzette.

'Een dubbele espresso voor meneer', lachte ze. De herbergierster monsterde Cooper. 'Gaat het wel goed met je?' vroeg ze. 'Het is wel feest hé, zo meteen.'

De ranger veerde op. 'Ja, over het feest', begon hij. 'Ik dacht, misschien kunnen we...'

'Ik ben mijn nieuwe ketting kwijt, hebben jullie hem ergens zien liggen?'

Dat was de stem van Sacha, die zoekend om zich heen keek. Wat Cooper ook had willen vragen, het moment was voorbij, want Helena was afgeleid. Zij en Sacha gingen op zoek naar het halssnoer dat Sacha samen met het masker gekocht had. Ze zagen niet dat wat verderop een nogal apart figuur zat met een bochel. Hij liet de halsketting door zijn handen gaan en had een voldane grijns op zijn gezicht. Een grijns die nog groter werd toen Vega, Roman en Gideon de herberg uit kwamen.

'Ah, de buitenlucht,' snoof Vega, 'en de zon op

je huid. Het zijn die gewone dingen die ik nog het meeste mis.'

'Ja, dat heb je als je een boekenwurm wordt', plaagde Roman.

'Dat heet raadgever, vleermuis', reageerde Vega koeltjes.

Roman wendde zich tot Gideon. 'En, wat vind je van de mensenwereld?'

'Het is mooier dan ik had gedacht, graaf', antwoordde de magiër. 'Ik zal me hier snel thuis voelen.'

Er trok een onzichtbare pijnscheut door Vlad, die achter Gideon liep. Hij maakte zich los van het gezelschap en zocht een rustig plekje op het dorpsplein.

Sacha en Helena waren gestopt met zoeken naar het halssnoer. Sacha ging van tafel tot tafel met een schotel vol hapjes. Cooper zag zijn kans schoon. Hij klampte Helena aan.

'Nog even over het feest', zei hij. 'Ik...'

Het was Coops dagje niet, want weer werd hij onderbroken.

'Helena!' riep Vega. 'Het stralende middelpunt van de herberg.'

Hij nam galant Helena's hand en maakte een buiginkje.

'O... Goh', stamelde Helena. Ze was duidelijk gecharmeerd. 'En u bent?'

'Vega is de naam', antwoordde Vega. Hij knikte naar Vlads vader en de magiër en voegde eraan toe: 'En dit zijn Roman en Gideon.'

'Welkom in Schemermeer', lachte Helena. 'U bent al prachtig verkleed voor…'

'Voor het feest', onderbrak Vega haar. 'We zijn hier om te zwieren en te zwaaien.' Hij nam Helena bij de hand en danste een rondje met de herbergierster.

Cooper stond erbij en keek ernaar. Hij keek geërgerd naar Vega, die hij maar een onnozele paljas vond in een al even onnozel kostuum. Wilko en Keelin waren intussen ook naar buiten gekomen. Zij keken geamuseerd naar Vega. Hun trouwe vriend en raadgever was duidelijk in zijn nopjes.

'Weet jij waar Vlad is?' vroeg Wilko aan Gideon.

'Heer Vladimir? Ik dacht dat hij ons gevolgd was', antwoordde de magiër.

Vega liet Helena weer los. Ze knikte met een glimlach naar hem, als teken van dank.

'Ho! Dat ruikt heerlijk', riep Vega uit. Hij hield Sacha staande. 'Mag ik?' vroeg hij.

Vega wachtte haar antwoord niet af. Hij nam snel wat hapjes van de schaal en stopte ze gretig in zijn mond.

'Hmmm', likkebaardde Vega. 'Ik heb in jaren niet zoiets heerlijks geproefd. Heeft u nog meer van deze?' vroeg hij aan Helena. 'En wat te drinken misschien?'

Helena knikte. 'Zeker, komt eraan.'
Ze wendde zich naar Roman. 'Voor u ook iets?' vroeg ze.

'Een tomatensap graag, vrouwe', antwoordde hij plechtig.

'Tomatensap?'

Er begon iets te dagen bij Helena.
'Zeg, u lijkt wel... bent u?'
'De gelijkenis verraadt ons, zo is het toch zoon?' Roman keek om zich heen, maar Vlad was nergens te bespeuren. Hij richtte zich weer tot Helena. 'Vlads vader inderdaad. Vereerd u te ontmoeten.'

Vega wilde net in een lekker worstje bijten toen er iemand tegen hem aanbotste. Het was Renvie, die zijn grafkelder vol rotte tanden bloot lachte. Bevorderlijk voor Vega's eetlust was dat uitzicht niet.

Die kerel excuseerde zich meteen uitgebreid. 'Sorry meneer, spijt me', zei Renvie. 'Alles goed?' Volzinnen waren duidelijk niet zijn sterkste kant.

'Geen probleem, makker', zei Vega joviaal, al probeerde hij wel zijn neus af te sluiten voor de walm die de onverzorgde snuiter verspreidde. 'Ook een worstje?' vroeg hij.

'Dankie, graag', antwoordde Renvie. Hij griste de worst uit Vega's handen en pikkelde ervandoor.

Vega keek hem vol medelijden na. 'De arme sukkel', mompelde hij. Wist Vega veel dat Renvie wat verderop tevreden naar een voorwerp in zijn hand keek. Daar lag immers het dwarsfluitje van Vega te schitteren...

Ondertussen had iets anders Vega's aandacht getrokken: een bandje. De muzikanten waren hun instrumenten aan het klaarzetten. Vega stapte op hen af.
Hij wees naar een viool.

'Is dat een echte Stradevidius?' vroeg hij.
De eigenaar knikte geflatteerd. Het was altijd fijn als je met een kenner te maken had.
'Wat een prachtexemplaar', zei Vega.
'Mag ik misschien zo vrij zijn?'
Dat mocht hij, knikte de muzikant.
Vega nam de viool en bekeek ze goedkeurend van alle kanten. Er verscheen een brede grijns op zijn gezicht.

Vega zette het instrument aan zijn kin.
'Probeer maar in te haken!' zei hij tegen de bandleden.
Vega begon een vrolijk deuntje te spelen en het duurde niet lang of de andere muzikanten vielen inderdaad in.
Helena kwam met een dienblad de herberg uit en liep naar Cooper en Sacha.
Vlads vader zette intussen een parmantige, ouderwetse dans in. Zijn bewegingen hadden iets middeleeuws, iets niet van deze tijd. Hij boog naar Helena en stak zijn hand naar haar uit.

Helena durfde ze niet aan te nemen, maar dat was buiten Keelin en Sacha gerekend, die de herbergierster aanspoorden om in te gaan op de uitnodiging van Roman. Plots duwde Helena het dienblad in Coopers handen. Ze liet zich meevoeren door Roman en improviseerde op de muziek.

De ranger keek alsof de kaas van tussen zijn boterham werd gegeten, wat in zekere zin ook zo was.

'Komaan, allemaal', riep Vega enthousiast.

Een aantal dorpelingen vervoegde Roman en Helena. Gideon stapte op Keelin af. 'We mogen een bevel van de raadgever natuurlijk niet negeren. Schone jonkvrouw, gunt u mij deze eer?'

'Welzeker heer', antwoordde Keelin gespeeld plechtig.

Wilko keek een beetje gepikeerd naar Gideon. Hij vond de magiër nog altijd veel te gladjes. Maar veel tijd om daarover te mijmeren had hij niet, want Sacha sprong voor hem.

'En dan wij ook! Hop!' zei ze vrolijk. Ze trok Wilko mee en even later stonden ook zij twee duchtig mee te dansen.

Vanachter een kraampje keek Vlad mistroostig toe hoe zijn vrienden plezier maakten.

Hij kon zich niet voorstellen dat hij dit alles binnenkort zou moeten missen. Een traan rolde over zijn gezicht, struikelde over zijn bovenlip en druppelde vervolgens op een straatsteen.

HOOFDSTUK 9

EEN DONDERSLAG BIJ HELDERE HEMEL

De laatste noot was net uitgestorven en Gideon en Keelin bogen galant naar elkaar. Wilko zag het en deed toen maar hetzelfde voor Sacha.

Roman begeleidde Helena naar Cooper, die nog steeds aan de grond genageld stond met het dienblad in zijn handen.

'Het was me een genoegen, vrouwe herbergierster', zei de vader van Vlad. 'Wellicht tot later.'

Helena keek Roman glimlachend na. 'Aaah, een man die kan dansen. Zo romantisch! Bedankt voor het vasthouden, Coop.'

Ze nam het dienblad weer van de ranger over en beende vrolijk weg. Cooper bleef licht verbijsterd achter.

Roman zag dat Vlad zich had afgezonderd. Hij zat bij de waterput op het dorpsplein. Zijn lichaamstaal verried dat hij met iets zat te worstelen.

De graaf liep naar zijn zoon. 'Ik begrijp dat het lastig is, jongen', zei Roman.

Vlad keek even op, maar sloeg de ogen toen weer neer.

'Hier zijn je vrienden, hier is je leven', vervolgde Roman. 'Maar het gebod van 77 bestaat niet voor niets. Dat is er om jou, om ons, te beschermen.'

Vlad snoof geïrriteerd met zijn neus.
'Lekker gedanst met die sukkel?' vroeg Wilko wat verderop aan Keelin. Hij bedoelde natuurlijk Gideon.
'Hij is wat onhandig, maar hij bedoelt het wel goed', zei Keelin. Ze keek om zich heen. 'Waar hangt Vlad toch uit? Het is feest vandaag, zijn vader is er en hij is totaal afwezig.'
Wilko liet zijn ogen over het dorpsplein dwalen en kreeg Vlad en zijn vader in het oog. Hij stootte Keelin aan. 'Daar, daar is hij.'

'Dat ziet er niet echt een gezellig gesprek uit', reageerde Keelin. 'Wat zou er toch zijn?'
Wilko spitste zijn weerwolvengehoor en probeerde flarden van het gesprek tussen vader en zoon op te vangen. '... bij neerleggen dat er een volgende fase in je leven is aangebroken', ving hij op. 'Je vrienden begrijpen dat toch ook? Wat zeiden die ervan toen je het hen vertelde?'

Wilko luisterde met stijgende verbazing. 'Ik... eh... Ik heb het hen nog niet verteld', hoorde hij Vlad zeggen.

'Wat?' riep Roman uit.

Terwijl Wilko geconcentreerd opging in het gesprek tussen Vlad en zijn vader, tuurde Keelin bezorgd naar de hemel. Er pakten zich donkere wolken samen en daar had ze een onbehaaglijk gevoel bij. Wilko had het niet in de gaten. Hij hield Vlad en Roman nauwlettend in de gaten en zag hoe ook Vega zich nu bij het gesprek voegde.

'Vega, wat is dit?' mopperde Roman.
'Ik hoor net dat Wilko en Keelin nog niets weten?'

'Eh, wel, zie je...' stamelde Vega.

Vlad nam meteen de verdediging van zijn vriend op zich. 'Vega staat hierbuiten', zei hij. 'Ik zou het vertellen, alleen... dat is nog niet gelukt.'

'Hier is iets vreemds', zei Keelin, die nog steeds naar de lucht staarde.

'Hier is iets heel vreemds aan de hand', zei ook Wilko, die het niet over de hemel had, maar over het gesprek dat hij net had afgeluisterd. Hij nam Keelin bij de arm. 'Kom mee', gebood hij.

'Over een uur is de president hier voor de ceremonie, hoe zien jullie dat dan voor je?' vroeg Roman streng.

'Ik vertel het hen, oké?!' antwoordde Vlad. 'Zodra ik ze zie.'

'Dat komt dan goed uit, hier zijn we', reageerde Wilko nors.

Vlad schrok op.

Hij had Keelin en Wilko niet zien naderen.

'Dus, wat is het dat je ons moet zeggen?' vervolgde Wilko.

Vlad keek even naar zijn vader en Vega en zuchtte.

'Keelin, Wilko... Het spijt me dat ik het niet eerder heb gezegd, maar vanaf vandaag ben ik geen lid meer van de Nachtwacht.'

Het was alsof er een schok door Wilko en Keelin ging. De twee keken hun vriend verbijsterd aan.

Keelin was de eerste die een woord over haar lippen kreeg. 'Je... je verlaat de Nachtwacht?' vroeg ze vol ongeloof.

'Waar slaat dat nou weer op?' zei Wilko fel. 'Waarom?'

Als Vlad al geweten had wat hij daarop moest antwoorden, zou hij niet eens de kans krijgen. Er klonk een luide donderslag die echode over het dorp. Het volgende moment daalde er een bliksemschicht neer die vervolgens insloeg op het dorpsplein.

'BENG!'

HOOFDSTUK 10

BRAND

Nemmeza mocht dan opgesloten zitten in haar grote spiegel, ergens in haar duistere burcht, maar afgesloten van de mensenwereld was ze allerminst. Ze stond bij een kring van stenen, waaruit rook omhoog kringelde. In die rook was het dorpsplein van Schemermeer te zien. Nemmeza kon alles volgen wat er gebeurde.

Ze zag hoe Renvie moedwillig tegen Vega aanbotste en ook hoe haar trouwe, gebochelde dienaar nadien Vega's fluitje in zijn handpalm had liggen.

Ze zag ook hoe de dorpelingen stonden te dansen op het vioolgejank van haar oude vijand, Vega. Zelfs die vervloekte Roman danste mee, en die twee piepkuikens van de huidige Nachtwacht: die onnozele elf en achterlijke weerwolf. Nemmeza liet haar ogen over het dorpsplein dwalen. Waar zat die vampier toch? Ha! Daar zat hij, bij de waterput. Te treuren als een treurwilg.

Of nee, naast Vlad was een treurwilg een vrolijke Frans.

De zoon van Roman was twee druppels water zijn vader. Nemmeza keek ernaar uit hem van hetzelfde laken een pak te geven als ze zijn vader destijds had gegund. Dat ooglapje had hij mooi aan haar te danken.

De koningin lachte vals. Ze moesten eens weten, de dansende naïevelingen!

Maar... ze had nog één ding nodig: de ring van die bejaarde vampier, en die zat stevig rond zijn vinger. Het zou nog een hele klus worden voor Renvie om het sieraad te pakken te krijgen.

Het was alsof Renvie wist dat zijn meesteres toekeek. Hij richtte zijn hoofd naar de hemel. Vanuit Nemmeza's perspectief leek hij haar rechtsreeks aan te staren. 'Ring is moeilijk', zei hij pijnlijk grimassend. 'Moeilijk!' herhaalde hij.

De koningin besefte dat ze haar dienaar een handje zou moeten helpen. Ze gooide haar armen in de lucht.

'Demonen der duisternis, kom. Kom en geef me uw kracht', sprak Nemmeza onheilspellend. Ze gooide iets in de rook, die daardoor oplichtte. 'Donder en onweer, verzamel u boven Schemermeer', vervolgde ze.

Op het plein keek Renvie grijnzend naar de donker wordende lucht boven hem. 'Koningin aan het helpen', grinnikte hij. 'Ja, goed, goed zo.'

Nemmeza's stem ging de hoogte in.
'Ontlaad uw krachten, nu!' riep ze.
Een knallende donderslag deed de mensen op het dorpsplein van Schemermeer opschrikken. Sommigen gilden het uit, anderen spurtten bang weg. Toen schoot een bliksemflits uit de donkere hemel naar beneden, recht naar een van de kraampjes.
'BENG!'
Het kraam vloog meteen in brand. De vlammen sloegen om zich heen. Er brak nu nog meer paniek uit onder de dorpelingen. Nemmeza keek goedkeurend naar haar werk. In de verwarring die nu was ontstaan, zou die sluwe, valse Renvie de ring van Roman wel te pakken krijgen, wist ze.

HOOFDSTUK 11

EEN BOM ONDER DE NACHTWACHT

Brand!' riep Cooper. 'Allemaal opzij!'
Hij greep de emmer die Wilko had klaargezet naast de vuurschaal en kieperde hem leeg over de vlammen. Of tenminste, dat dacht hij, want de emmer was leeg en er kwam dus geen druppel uit.

'Wilko!' riep de ranger kwaad.

Die was het nieuws van Vlad op slag vergeten en rende naar de waterput, waar hij wel een paar emmers had klaargezet. Hij nam er een in elk hand en liep ermee naar Cooper.

Renvie maakte van de commotie gebruik om Roman aan te klampen. Hij nam zijn hand vast en deed alsof hij doodsbang was. 'O, brand heer', stamelde hij paniekerig. 'Pas op... Vuur! Pijn!'

'Rustig maar, ze hebben het onder controle', zei Roman.

Renvie knikte onderdanig. 'Ja, ja, goed, dankie heer.'

Hij liet Romans hand los en verdween tussen de andere dorpelingen. De vader van Vlad was een ring armer, maar daar had hij niets van gemerkt.

Wilko en Cooper blusten samen de brand. Al bij al was de klus snel geklaard, omdat ze er ondanks alles snel bij waren.

'Sorry, Coop', verontschuldigde Wilko zich.
'Ik had je nog gezegd: zorg voor blusmiddelen', antwoordde Cooper. 'Maar bon, goed geholpen.'

Het onweer verdween even snel als het was opgekomen.
Keelin ging naast Vega staan. Ze keek achterdochtig naar de hemel, die nu weer helemaal was opgeklaard.
'Dat is wel een heel kort onweer, Vega. Pal boven het dorp', zei ze.
Vega keek haar bezorgd aan. 'Ja,' antwoordde hij, 'en we weten dat toeval niet bestaat in Schemermeer.'
Wilko kwam er ook bij staan. 'Waar is Vlad?' vroeg hij.
De drie keken om zich heen. 'Daar', wees Keelin. Ze zagen hoe Vlad de herberg binnenstapte.
'Gaan jullie maar even naar hem toe', zei Vega. 'Hier lijkt het wel weer rustig.'

Wilko en Keelin troffen Vlad aan in het privévertrek van de Nachtwacht. Hij keek even op, maar sloeg zijn ogen toen weer neer.
'Sorry', zei hij mat.
'Ik had het veel eerder moeten zeggen, dat weet ik ook wel.'

'Stoppen met de Nachtwacht? Waarom?' vroeg Keelin.
'Wil je niet meer?' pikte Wilko in.
'Daar gaat het niet om. Ik wil helemaal niet stoppen, maar het moet. Regels van de Hoge Raad. Voor jullie is het anders, maar ik was natuurlijk al een poos lid van de Nachtwacht voordat jullie erbij kwamen.'
'Ja, en?' zei Keelin.

'En vandaag is het precies 77 jaar geleden dat ik begon en dan treedt het gebod van 77 in werking. Die regel zegt dat je maar een bepaalde tijd lid van de Nachtwacht mag zijn. 77 jaar dus. En daarom moet ik stoppen.'
'Belachelijk. Dat bepalen we toch zelf', zei Wilko boos. 'Waarom bestaat die regel?'
Roman schraapte zijn keel. De drie vrienden draaiden zich om en merkten dat Roman, Vega en Gideon ook de kamer waren binnengekomen.
'Die regel bestaat niet voor niets', zei Roman. 'Het is tijd dat jullie het hele verhaal horen, zodat jullie kunnen begrijpen waarom het gebod van 77 is ingesteld.'

Het gezelschap verplaatste zich naar de geheime kamer, waar ze nu eenmaal vertrouwelijker met elkaar konden praten, ver weg van nieuwsgierige Schemermeerse oren.
Roman nam als eerste het woord. 'Vele jaren geleden bestond de Nachtwacht uit Vega en mijzelf. Samen met een lid van het feeënvolk: Juno.'
Roman sloeg een boek open en toonde een tekening die hem, Juno en Vega afbeeldde, zij het dan dat ze er veel jonger uitzagen.
Vega glimlachte naar Keelin.

'Ik herken zoveel van haar in jou, Keelin', zei hij ontroerd.

'Net zoals jullie nu, spoorden we met zijn drieën wezens uit de onderwereld op en stuurden ze terug', vervolgde Roman. 'Wat we niet doorhadden, was dat een duister wezen oprees en een leger van demonen verzamelde. Haar naam was Nemmeza, de opperdemon. Ze wilde de eeuwige nacht laten neerdalen, zodat ze samen met haar demonen kon heersen.'

Vega pikte in op wat Roman net gezegd had. 'Toen we haar probeerden tegen te houden, had ze al zoveel kwade kracht in zich, dat ze de ad inferos-spreuk kon weerstaan. Wij hadden zoiets nog nooit meegemaakt. Ze viel ons aan en we konden nog net op tijd vluchten om te overleven.'

Roman knikte. 'Ze begon aan het ritueel om de Poort der Zielen te laten ontstaan', zei hij. 'Een doorgang naar de diepste duisternis, waardoor haar leger van demonen losgelaten zou worden.'

De vader van Vlad wees naar een tekening in het boek. Ze verbeeldde een duistere poort.

'We wisten niet wat we moesten doen', ging Vega verder. 'Zelfs de Hoge Raad was volledig in paniek.'

'En toen kwam Juno met een laatste mogelijkheid, een oeroude en gevaarlijke spreuk uit het Feeënrijk, opgetekend op een perkamentrol: de Morniaspreuk', zei Roman weer.

'Als we die spreuk zouden combineren met de kracht van onze voorwerpen, zouden we de Poort der Zielen tegen Nemmeza kunnen gebruiken en haar erin opsluiten', legde Vega uit. 'Het leek een goed idee, maar... het werd een ramp. We kregen Nemmeza opgesloten in de Poort, dat wel. Maar net voor ze verdween, sloeg ze terug met alle zwarte magie die ze in zich had.'

Roman nam weer het woord. Hij wees naar zijn ooglapje en zijn manke been. 'Vega duwde me net op tijd opzij, zodat ik maar half geraakt werd door haar aanvalsspreuk. Aan deze kant dus.'

'Ik had geluk en werd volledig gemist', zei Vega.

'En Juno?' vroeg Wilko.

Vega kreeg het moeilijk. 'Zij werd meegezogen in de Poort en verdween samen met Nemmeza naar de diepste duisternis', antwoordde hij geëmotioneerd. 'De Poort der Zielen is nooit meer teruggevonden. En Juno... Ik heb alles gedaan om haar te vinden. Alles.'

Wilko, Vlad en Keelin waren erg onder de indruk van het verhaal. Ze wilden iets zeggen om Vega te troosten, maar wisten niet wat. Het was duidelijk dat Vega veel van Juno gehouden had. Ze hadden nooit in de gaten gehad dat hij al eeuwenlang een zo groot verdriet meedroeg.

Roman legde een hand op Vega's schouder. 'Je hebt meer gedaan dan mogelijk was, Tiberius. En je moest verder, dat weet je.'

De vader van Vlad keek de drie Nachtwachters aan. 'Ik heb daarna de stap naar de Hoge Raad gezet en Vega koos voor zijn rol als raadgever in de boeken.'

'Ik heb ondertussen wel de spreuk gevonden om Juno vrij te krijgen', zei Vega. 'Dus als ik zou weten waar ze was...'

Hij droomde even weg, maar herpakte zich snel. 'Het einde van het verhaal is dat de Raad heeft besloten dat leden van de Nachtwacht bescherming verdienen. Tegen zichzelf', zei hij.

'Omdat jullie iedere dag jullie leven op het spel zetten. Dat kan niet altijd goed gaan', sprak Roman. 'Daarom werd de tijd om lid te zijn van de Nachtwacht ingeperkt tot maximaal 77 jaar. Ik ben enorm trots dat mijn zoon die mijlpaal vandaag bereikt heeft.'

Keelin en Wilko keken naar Vlad, die zich sterk probeerde te houden.

'De president komt niet alleen om jullie voorwerpen van nieuwe kracht voorzien,' vervolgde Vlads vader, 'maar ook om eervol afscheid te nemen van Vlad en hem te verwelkomen in de Hoge Raad.

En natuurlijk om zijn opvolger te installeren, in wie we het volste vertrouwen hebben: Gideon, magiër in de kunst van de Ouden.'

Het was een mededeling die niet meteen op applaus werd onthaald.

'Gideon?!' zei Wilko smalend. Hij wees naar de magiër. 'Hij daar? Ik dacht het niet.'

'En... de Hoge Raad?' vroeg Keelin aan Vlad.

'Ja... Nee... Ik heb nog niet toegezegd', antwoordde hij.

'Oké, wacht. Heren, bedankt voor het verhaal, dat snap ik', zei Wilko. 'Maar Vlad die stopt, nu, zomaar ineens?

Dat slaat helemaal nergens op.'

Keelin trad Wilko volmondig bij. 'Nee, dat kan niet!' Ze wendde zich tot Vlad. 'Jij wil dat toch zelf niet?'

'Natuurlijk niet, helemaal niet', antwoordde Vlad fel. 'Het moet alleen maar vanwege die stomme regel die zij bedacht hebben.'

Hij bedoelde Vega en Roman, maar gebaarde alleen maar naar zijn vader, alsof hij het hem extra kwalijk nam.

'Niet voor niets', reageerde Roman. 'Het is om je te bescher...'

Vlad onderbrak zijn vader bruusk. 'Om me te beschermen, ja, dat weet ik nu wel. Maar weet je: ik wil helemaal niet beschermd worden. Ik wil zelf beslissen wat ik doe. Jij! Jij hebt die regel er persoonlijk doorgeduwd, omdat je geen vertrouwen in me hebt.'

'Vlad,' zei Vega rustig, 'het gaat niet over vertrouwen, wij hebben...'

Deze keer kwam Wilko er met de voeten vooruit tussen.

'Het maakt ook allemaal niet uit!' brieste hij. 'Mijn vraag is: gaan jullie dit doorzetten? Vlad eruit en die clown erin?'

Roman knikte. 'Dat zijn de regels. Dus ja.'

'En jij laat dat gebeuren?' vroeg Wilko aan Vlad.

'Ja, ik... Het kan toch niet anders?'

Wilko keek Vega en Roman uitdagend aan. 'Zoek dan meteen nog maar een nieuwe Nachtwachter, want ik hou ermee op. Bekijk het maar.'

Wilko beende de kamer uit. 'Wilko, doe dit niet!' riep Vega hem nog na. 'Kalmeer!'

Maar het was vergeefse moeite. Wilko was al verdwenen.

Roman ging voor Vlad staan.

'Je hebt mijn volste vertrouwen. Maar wat ons is overkomen, mag nooit meer gebeuren.'

Vlad keek zijn vader nijdig aan. 'Echt waar, geloof je dit nu zelf? Hou toch op!'

Ook hij stapte boos de geheime kamer uit.

Vega draaide zich naar Keelin.

'Keelin, jij ziet toch wel in dat...'

'Wat? Dat jullie ons moeten "beschermen"? Dat jullie alles voor ons mogen beslissen?' zei ze uitdagend.

'Nee, maar...'

'Ik had niet gedacht dat jij zo kortzichtig zou zijn', zei Keelin verwijtend. 'Als het zo moet, dan hoeft het voor mij allemaal niet meer. Dan is dit het einde van de Nachtwacht.'

Even later stonden alleen Roman, Gideon en Vega nog in de geheime kamer en ze zagen er bepaald beteuterd uit.

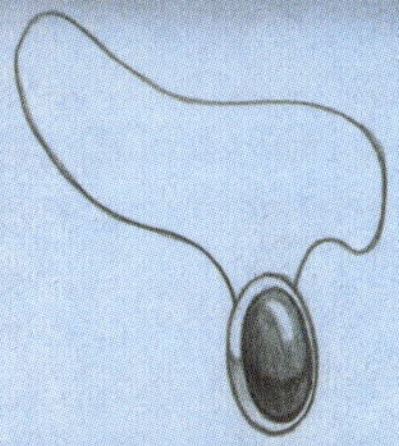

HOOFDSTUK 12

HET MEDAILLON

Renvie was terug in de burcht. Hij opende de deur naar de overwelfde ruimte en strompelde tot aan de spiegel van Nemmeza. Daar vouwde hij zijn hand open zodat zijn koningin kon zien wat hij had meegebracht.

Toen Nemmeza de ring van Roman en de dwarsfluit van Vega herkende, begon ze onheilspellend te lachen. Ze greep naar de hanger rond haar nek en hield hem voor haar gezicht.

'Je vriendjes denken dat ze veilig zijn', zei ze. 'Net zo veilig als jij zeker, fee.'

Nemmeza maakte een beweging met haar hand. In het medaillon, dat net nog vlekkeloos glanzend was, ontstonden nu nevelslierten die rond een silhouet kolkten. De contouren werden scherper en scherper, tot uiteindelijk een feeëriek wezen zichtbaar was.

Nemmeza deed het halssnoer uit en hield het plechtig boven haar hoofd.

'Niet lang meer zal ik zijn verstoten. Zielenpoort, ontvang de elementen die mij opsloten', klonk het gebiedend.

Aan Nemmeza's kant van de spiegel boog de doodskop naar haar toe. Ze hing er de ketting met het medaillon aan.

Renvie op zijn beurt vertrouwde de ring en de dwarsfluit toe aan een van de knokige handen die aan weerszijden van de spiegel zaten.

'De drie tezamen in mijn macht, gebruik het laatste van hun kracht!' riep Nemmeza uit.

De voorwerpen – het medaillon, de ring en het dwarsfluitje – lichtten op. Nemmeza plantte haar klauwachtige handen in het glas en bracht al haar energie samen in de punten van haar stalen nagels. Er ontstond een barst in de spiegel. En dan nog één. Maar kapot gaan deed hij niet. Nog niet…

'Het is zoals ik al verwachtte,' zei Nemmeza, 'die dingen zijn te slap, net als hun eigenaars. Maar deze barsten zijn voldoende voor nu. Ik voel de wereld weer. En de wereld zal mij voelen!'

Nemmeza richtte zich nu op haar kring van stenen en de rook die eruit opsteeg. Het was haar venster op Schemermeer, haar hoogstpersoonlijke bron, die haar alles toevertrouwde wat ze moest weten. In de rook doemde het beeld op van de portaalplek en de bomen die Gideon had gemerkt met magische tekens, om een veiligheidsschild op te wekken. Nemmeza keek er geamuseerd naar. De symbolen maakten geen enkele indruk op haar, integendeel.

'Verdor,' siste ze, 'verdwijn, uw kracht is mijn.'

Ze lachte tevreden toen ze de tekens zag vervagen. Dat schild van die potsierlijke magiër zou haar niet tegenhouden. Nemmeza zag niet dat er beweging kwam in het medaillon.

Het wezen richtte haar handen naar de dichtstbijzijnde barst in het oppervlak van de spiegel.

Een kleine, nieuwe barst ontstond en liep langzaam naar het juweel toe.

Het wezen sloot haar ogen en concentreerde zich.

'Vrouw van het elfenrijk', zei ze in haar hoofd.

Ze hoopte maar dat Keelin haar zou horen…

HOOFDSTUK 13

JUNO

Toen Keelin vanuit de keuken de herberg in stapte, werd ze meteen door Helena aangeklampt. Sacha had zich verkleed voor het feest en nadat ze eerder al koel voorbijgelopen was door Wilko en Vlad – die er trouwens allebei flink de pest in hadden en dat op zo'n mooie feestdag! – hoopte Helena dat Keelin wel de tijd zou nemen om de outfit van haar nichtje te keuren.

'Keelin, zie en bewonder', zei Helena enthousiast.

Maar Keelins hoofd stond niet naar een modeshow. 'Waar zijn Vlad en Wilko naartoe?' vroeg ze.

Sacha en Helena keken elkaar aarzelend aan en wezen vervolgens elk een andere kant uit.

Keelin draaide met haar ogen. Aan die aanwijzingen had ze ook niets. 'Ja... dank je wel', zei ze duidelijk geërgerd. Ze liep naar buiten, het dorpsplein op, nagestaard door Helena en Sacha. De herbergierster en haar nichtje stonden er wat beteuterd bij. Wat hadden die drie, zeg?

'Ik vind dat je er prachtig uitziet', zei Helena nog snel.

Keelin overschouwde het dorpsplein, waar het feest duidelijk al begonnen was. De dorpelingen waren verkleed en de muzikanten gaven het beste van zichzelf. Er werd gedronken en gedanst, gelachen en gebabbeld. Keelin kwam in beweging en doolde een tijdlang tussen de feestgangers, maar hoe ze ook zocht, Vlad en Wilko waren nergens te bespeuren.

Dat kon ook niet, want Wilko was na zijn vertrek uit de geheime kamer recht naar het bos gegaan, waar hij zich nu de benen van het lijf rende om zich af te reageren.

En Vlad? Die had nog een laatste blik op het dorp geworpen, maar was vervolgens door de poort gestapt met maar een voornemen: nooit meer terugkeren.

Keelin draaide een steeg in en toen nog één. Alle leven in Schemermeer speelde zich af op het dorpsplein en in de omliggende straten en steegjes was geen ziel te bespeuren. Plots voelde ze zich door alles en iedereen verlaten.
Ze bleef staan, als verlamd. Pas nu drong tot haar door wat er zonet gebeurd was. Wilko, Vlad en zij hadden eigenhandig de Nachtwacht opgedoekt.
Een immens verdriet gleed als een sluier over haar.
Dat was het moment waarop het gebeurde.

'Vrouw van het elfenrijk', fluisterde een vrouwenstem.

Keelin hoorde de stem in haar hoofd weerklinken. Ze keek om zich heen om te zien of er misschien iemand was die tegen haar sprak, maar de steeg was leeg.

'Keelin', fluisterde de stem.

'Hallo?' zei Keelin.

'Keelin, er is geen tijd voor uitleg. Vertrouw me en concentreer je op mijn stem. Sluit je ogen en tel met mij tot drie. Miné. Atta. Nelde.'

Keelin besefte dat de stem met haar communiceerde via telepathie. Ze herhaalde de woorden. 'Miné. Atta. Neldé.'

Het volgende moment leek ze in rook opgegaan.

Keelin wist niet wat haar overkwam. Plots stond ze in een duistere gang in wat duidelijk een burcht was. De muren werden verlicht door toortsen. Ze ging voorzichtig op onderzoek en kwam in een grotere ruimte terecht. Daar zag ze iets dat ze herkende uit het boek dat Roman had opengeslagen toen hij het verhaal van Nemmeza deed.

'De Poort der Zielen?' mompelde Keelin.

'Ja, Nemmeza's gevangenis', fluisterde de stem in haar hoofd.

'Kom dichterbij, maar zorg ervoor dat ze je niet ziet.'

Keelin zag de schaduw van Nemmeza bewegen achter glas. Er kringelden rookwolken om haar heen, terwijl ze allerlei spreuken uitsprak. Keelin zag ook dat er barsten zaten in het glas. Het was een kwestie van tijd voor het hele ding aan diggelen zou gaan.

'Ze is bezig te ontsnappen, met hulp van de voorwerpen van onze Nachtwacht', zei de fluisterstem.

'En ze is nog iets van plan.'

'Onze? Maar... Ben jij dan... Juno?' vroeg Keelin.

'Je kent mijn naam?' vroeg Juno verbaasd.

'Ja', antwoordde Keelin. 'Waar ben je?'

'In de Poort,' antwoordde de stem in haar hoofd, 'opgesloten in mijn eigen ketting. Voorzichtig!'

Keelin sloop muisstil dichterbij. 'We moeten snel zijn, voordat ze je opmerkt', fluisterde Juno. 'Leg je hand tegen mijn ketting. Vlug.'

Keelin deed wat Juno haar opdroeg.

'Weest niet bevreesd en open je geest', zei de fee. 'Edele elfenvrouw, mijn gave is nu ook van jou.'

Een lichtflits schoot vanuit de hanger naar Keelin.

'Jij kan nu ook met je vrienden spreken zonder echt te spreken', legde Juno uit. 'Neem nu de voorwerpen en verstop ze.'

Keelin zag de ring van Roman en Vega's dwarsfluit hangen in een paar skelethanden.

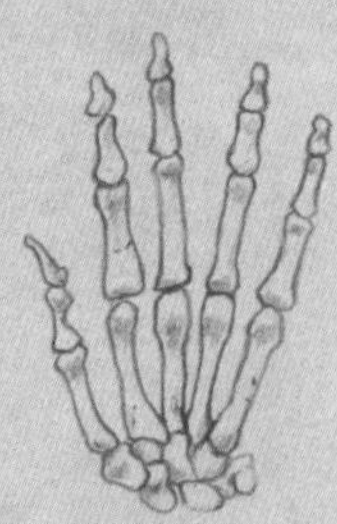

'Hoe krijg ik jou uit die hanger?' vroeg Keelin aan Juno.
'Dat gaat niet en dat hoeft ook niet. Het enige dat telt, is dat Nemmeza opgesloten blijft', antwoordde ze. 'Zeg aan Tiberius… aan Vega dat ik nooit gestopt ben aan hem te denken. Pak nu snel de voorwerpen en ik stuur je terug. Doe het!'

Keelin keek naar de enge doodskop boven aan de Poort der Zielen en reikte toen naar een van de knokige handen. Ze wist het fluitje van Vega te bemachtigen, maar toen ze de ring van Roman wilde nemen, sloot de hand zich plots. Keelin schrok. De oogkassen in de doodskop boven aan de Poort lichtten rood op en uit zijn mond ontsnapte een luid gebrul.
Nemmeza was natuurlijk meteen gealarmeerd. 'Renvie! Indringer!' riep ze. Ze keek vanachter de Poort naar Keelin en stak haar handen uit. Het leken wel klauwen. 'Dief! Tot mij!' riep ze.

Keelin voelde hoe het dwarsfluitje uit haar handen werd getrokken. Ze werd door een onzichtbare magische kracht steeds dichter naar de spiegel getrokken.

Achter haar kwam het gebochelde creatuur aangelopen. Ze zou dadelijk in zijn handen vallen en dat mocht niet gebeuren.
Ze verzamelde al haar krachten en gaf een ruk aan het fluitje van Vega.

Keelin slaagde erin zich los te maken uit de spreuk van Nemmeza en kon nog net op tijd wegspringen voor de grijpgrage handen van Renvie.

De griezel gaf nog niet op. Hij dreef Keelin in het nauw tot ze met haar rug tegen een van de muren stond.
Ze voelde een gordijn of een doek achter haar.
Renvie sprong op haar af, maar Keelin zette snel een stap opzij, waardoor de gebochelde griezel in het doek belandde. Keelin trok het stuk textiel over Renvie heen en spurtte de gewelfde ruimte uit.

'Wachters!' riep Nemmeza.

Van de andere kant kwamen twee gewapende lelijkaards op haar afgestormd. Keelin wilde omkeren, maar achter haar was ook Renvie weer verschenen. Ze kon geen kant meer op en probeerde te transformeren.

Renvie zag het en grinnikte gemeen. 'Elfjesmagie werkt hier niet. Kom maar, stout elfje is voor Renvie.'

'Keelin, sluit je ogen', zei de stem van Juno in haar hoofd. 'Miné. Atta. Neldé.'

Keelin hing Vega's fluitje aan haar riem, deed haar ogen toe en herhaalde Juno's woorden.

Zoals ze uit het niets in rook was opgegaan in de steeg, zo kwam ze daar ook weer tevoorschijn.

Nemmeza greep naar de hanger met Juno erin. 'Jij... Hier ga je spijt van krijgen!' brieste ze. Toen legde ze een hand op een van de barsten in het glas. 'Renvie!' riep ze. 'Vind de weg die de elf is gegaan en breng het voorwerp terug!'

HOOFDSTUK 14

DE NOODKREET VAN KEELIN

Gideon staarde uit het raam in het privévertrek van de Nachtwacht.

Roman en Vega kwamen via de kast de geheime kamer uit.

'We moeten gaan', zei Roman. 'De president arriveert binnenkort.'

'Maar... wat moeten we zeggen?' vroeg Gideon.

Wat hij bedoelde, was: hoe konden ze de president onder ogen komen voor een belangrijke ceremonie als drie belangrijke deelnemers er boos vandoor waren gegaan?

'Dat komt wel goed', stelde Vega de magiër gerust. 'Ik ken Wilko, Vlad en Keelin al heel lang. Ze zullen vast op tijd weer bij zinnen komen.'

Hij probeerde zo zelfverzekerd mogelijk te klinken en Gideon leek hem te geloven. Hij wandelde als eerste de kamer uit. Vega en Roman hielden een tel hun pas in. Ze keken elkaar bezorgd aan.

'Ik hoop maar dat ze hun gezond verstand terugkrijgen', fluisterde hij.

Roman knikte. 'Ja, want anders...'

Hij liet een veelzeggende stilte vallen en noch Vega, noch hijzelf wilden die zin afmaken. Dat zou immers betekenen dat ze rekening hielden met het ondenkbare en daar konden de oude Nachtwachters zichzelf eenvoudigweg niet toe brengen. Voor hen was er maar een waarheid: eens Nachtwacht, altijd Nachtwacht!

Zowel Vlad als Wilko hadden hun Nachtwacht-attributen uitgedaan. De ene op een bankje langs een verlaten landweg, de andere aan de oever van het meer aan de rand van het bos.

Vlad keek naar de ring in zijn handpalm. Hij had zin om het ding zo ver mogelijk weg te keilen.

Wilko liet zijn ogen dwalen van zijn armband naar het water. Voor zijn part mocht het ding wegrotten op de bodem van het meer. Het scheelde niet veel of zowel Vlad als Wilko hadden in hun kwaadheid hun magische attributen inderdaad koudweg gedumpt. Maar dat was buiten Keelin gerekend, die haar twee vrienden op een wel erg bijzondere manier wist te bereiken, want… plots hoorden ze allebei Keelins stem. In hun hoofd, nog wel.

'Wilko… Vlad… hoor mij', klonk het.

'Wilko! Hoor mij, alsjeblieft', herhaalde Keelins stem in Wilko's hoofd.

'Vlad… Vega… Roman… in gevaar', hoorde nu ook Vladimir.

De twee jongens concentreerden zich, want ze kregen enkel flarden door van Keelin.

'Moeten… waarschuwen… Nemmeza!'

Keelin stond in de steeg waar ze eerst in rook was opgegaan, om vervolgens met de hulp van Juno weer op dezelfde plek te verschijnen. Haar ogen waren gesloten. Ze hoopte maar dat Vlad en Wilko haar telepathische signalen opvingen, want er was geen seconde te verliezen. Maar... het geluid van een grommende ademhaling haalde haar uit haar concentratie. Keelin deed haar ogen open en zag een wachter van Nemmeza op haar afkomen.

'Nee... Help... Help me! Het dorp, kom naar het dorp!' hoorden Wilko en Vlad in hun hoofd. Er klonk paniek in Keelins woorden.

De soldaat van Nemmeza kwam steeds dichterbij. Keelin draaide zich om en zette het op een lopen. Ze spurtte een andere steeg in, waar een tweede wachter van Nemmeza plots tevoorschijn sprong. De twee wachters sloten haar nu in. Er was maar één uitweg meer, een smalle doorgang tussen twee huizen. Keelin kon de twee mannen net op tijd ontspringen en zette het weer op een lopen.

'Help! Help mij!' seinde ze door naar Wilko en Vlad.

De smalle doorgang leidde naar een straatje. Even leek het erop dat Keelin het pleit zou winnen. Maar dat was helaas buiten Renvie gerekend, die plots voor Keelin opdook en zijn gigantische mond vol rotte tanden bloot grijnsde.

'Elfje!' zei hij vals.

Keelin draaide zich om, maar de twee wachters waren te dicht genaderd. Ze kon geen kant meer uit en maakte aanstalten om te transformeren. Renvie was haar voor en nam haar armen beet.

'Geen tovertrucjes', hijgde hij in Keelins nek. 'Elfje meekomen.'

'Laat haar los. Nu!'

Dat was de stem van Vlad.

Keelin haalde opgelucht adem, maar Renvie verstevigde zijn grip. Ze merkte niet dat hij ondertussen ook Vega's dwarsfluitje van haar riem losmaakte.

'Wat is dit voor een stelletje misbaksels. Handen thuis jij!' Wilko keek dreigend naar Renvie. Die duwde Keelin van zich af.

'O nee, de Nachtwacht!' riep Renvie. 'Terugtrekken, terugtrekken!'

Hij en de twee wachters deinsden achteruit. Renvie hield iets in de lucht. 'Kijk eens wat Renvie heeft.'

Keelin, Vlad en Wilko herkenden het dwarsfluitje van Vega.

'Maakt niet uit', zei Vlad. 'We sturen ze terug naar de onderwereld.'

De Nachtwachters haalden hun voorwerpen boven, maar er kwamen nauwelijks stralen uit. Renvie vond het een vermakelijk tafereel. 'Doet het niet meer, koningin al gezegd', lachte hij vals. 'Volg Renvie!'

De griezel en de andere monsters gingen ervandoor en verdwenen een andere steeg in. De Nachtwacht zette de achtervolging in.

Ze sloegen dezelfde steeg in, maar Renvie en de wachters waren verdwenen.

'Nemmeza is terug', zei Keelin. 'Ze zit nog opgesloten in de Poort der Zielen, maar ze wil eruit. Ze is iets van plan met de voorwerpen van de oude Nachtwacht. We moeten Vega en Roman waarschuwen.'

'En de president, die arriveert nu toch ook?' reageerde Wilko ongerust.

'Die mag nu niet naar hier komen!' riep Vlad uit.

'Ik ga erheen. Ik zie jullie bij de portaalplek!' Hij schoot er als een pijl uit een boog vandoor. Zijn ring werkte dan misschien niet meer, maar met zijn vampiersnelheid was voorlopig niets aan de hand.

HOOFDSTUK 15

DE PRESIDENT

Vega en Roman kwamen aan bij de portaalplek. Gideon was ietsje achtergebleven om de beschermende tekens te controleren die hij had aangebracht op de bomen in de omgeving.

De oude Nachtwachters keken bezorgd om zich heen.

'Niemand te zien', sakkerde Vega. 'Van die koppige wolf had ik dat wel verwacht, maar die andere twee...'

Vlads vader ging zowat door de grond van gêne. 'Zoiets beschamends heb ik nog nooit meegemaakt', zei hij streng. 'We gaan dit oplossen en daarna bied ik de president mijn ontslag aan.'

Vega keek Roman even aan en zuchtte. Soms kon die Roman best wel een dramaqueen zijn, maar dat zei hij natuurlijk niet hardop.

'Reprehendo', zei Gideon.

Het teken op de boom reageerde niet. Gideon was stomverbaasd.

'Veritas', probeerde hij.

En of hij de waarheid kreeg. Het teken was krachteloos en mat, maar wat veel onheilspellender was: in het midden verscheen een doodskop. Gideon schrok. Hij wist wat dat betekende en moest meteen alarm slaan.

'Is kapot', klonk het ergens rechts van hem.

Gideon draaide naar de kant vanwaar het geluid kwam en keek in het lelijke gezicht van Renvie. Die haalde zijn schouders op.

De magiër wilde roepen om de anderen te waarschuwen.

'Ssst', deed Renvie, terwijl hij een vinger op zijn lippen legde. Toen wees hij naar een plek ergens achter Gideon. Die volgde met zijn ogen Renvies wijzende vinger. Het laatste wat hij zag, was een wachter van Nemmeza.

'Veil gedrocht', zei Gideon.

Maar toen ging het licht uit. Een andere wachter trakteerde de magiër op een welgemikte tik tegen het hoofd. Gideon ging tegen de vlakte, net als de staf die uit zijn handen was gegleden.

Tussen de stenen begon het portaal op te lichten. Eerst kwamen twee lijfwachten tevoorschijn. Ze gingen elk aan een kant van het portaal staan. Vervolgens kwam ook de president aan. Ze was een statige vrouw, met een lang gewaad en een feestelijk hoofddeksel.

Roman en Vega stonden haar op te wachten.

De president sprak Vega aan bij zijn voornaam.

'Tiberius, Roman.

Moge de kracht met u zijn', zei de president.

'En evenzeer met u, president', antwoordden de twee.

De president keek om zich heen. 'Ons gezelschap lijkt bepaald niet compleet', zei ze.

Ze zag de bezorgde blik in de ogen van Roman en Vega. 'Is alles in orde, heren?'

Voor Roman of Vega een antwoord konden geven op die vraag, deed iemand anders dat in hun plaats.

'Welzeker. Alleen tovercirkeltje werkt niet meer', klonk het achter hen.

Vega wist meteen van wie die stem was: van een gebochelde kerel die niet in volzinnen kon spreken.

De lijfwachten stormden op Renvie af, maar ze werden meteen getroffen door twee bliksemflitsen.

Renvie keek naar de lucht. 'Dankie', zei hij. 'Koningin wil u graag ontvangen', voegde hij er vervolgens aan toe. Uit de bosjes kwamen nu overal monsters tevoorschijn. Ze omsingelden Roman, Vega en de president.

HOOFDSTUK 16

WAT NU?

Niet ver daarvandaan waren Keelin en Wilko op Vlad gestoten. Nemmeza had boomwortels op hem losgelaten, waardoor hij vast was komen te zitten. Hij had zichzelf nog maar net weten te bevrijden toen zijn vrienden opdoken.

'Hé, waarom sta jij hier te niksen?' vroeg Wilko.

'Te niksen?' antwoordde Vlad verontwaardigd. 'Ik werd aangevallen door... takken.'

Keelin zag in de verte het licht van het portaal tussen de bomen schijnen.

'Kom!' zei ze.

De drie snelden naar de open plek, maar die was helemaal verlaten.

'Vega?!' riep Wilko.

Uit de bosjes kwam een verdwaasde Gideon tevoorschijn. 'Iedereen is weg', zei hij met een grimas. 'Ze zijn ontvoerd door een stinkend wangedrocht met helpers.'

Gideon wreef over zijn pijnlijke hoofd.

'Die Renvie...' reageerde Keelin.

Gideon zakte verslagen op zijn knieën. 'Zonder hen zijn we niets', zei hij met een zeker gevoel voor dramatiek. 'Alles is verloren!'

Wilko zweeg wijselijk, maar hij vond die hele magiër een beetje een aansteller.
Keelin vertelde de anderen over de burcht en over Nemmeza, want die kans had ze nog niet gekregen.
'Waarschijnlijk zijn de president, Vega en mijn vader bij Nemmeza in die burcht', reageerde Vlad.
'Enig idee waar die is?'

Keelin schudde het hoofd. 'Nee. Maar niet in deze wereld, dat is zeker.'
'We moeten naar de residentie van de Raad, zij kunnen helpen', zei Gideon.
'Een beetje hulp zou handig zijn,' gaf Wilko toe, 'maar...'
'Patenti sesamé!' riep Gideon voor Wilko zijn zin kon afmaken. Hij richtte zijn staf op het portaal, maar er gebeurde niets. Minder dan niets.
'Ik denk dat we er alleen voorstaan', zei Wilko en deze keer zonder enig leedvermaak.
'Hoe kan dit?' reageerde Gideon vertwijfeld.
'De beschermende runen vernietigd. Het portaal gesloten.

Dit wezen kan toch niet machtiger zijn dan de Hoge Raad zelf?'

De Nachtwachters keken elkaar aan. Nemmeza was verdorvener, machtiger, valser dan om het even welk ander wezen dat ooit hun pad had gekruist en of ze dat nu leuk vonden of niet, zij leek de touwtjes stevig in handen te hebben. Het zou slechts een kwestie van tijd zijn voor ze haar Poort der Zielen zou laten herrijzen, grootser en gevaarlijker dan ooit tevoren. En dan zou niet alleen Schemermeer maar de hele mensenwereld overspoeld worden door duistere demonen. De dag zou voorgoed opgaan in een eeuwigdurende nacht. De vraag was maar of ze Nemmeza nog konden stoppen. Misschien was het al te laat. Misschien had de Nachtwacht deze keer voor eens en voorgoed verloren? Er was eigenlijk maar een vraag en het was een vraag waar de Nachtwacht geen antwoord op had: wat nu?

HOOFDSTUK 17

DE SPIEGEL BARST

Vega en Roman waren geboeid. Ze werden door Renvie en de wachters van Nemmeza ruw de gewelfde zaal in geduwd.

De president werd met iets meer tact behandeld, maar niet omwille van haar functie. Nemmeza had haar gewoon nog even nodig. Heel even.

Toen Vega de spiegel in het oog kreeg, schrok hij meer dan een beetje. Deze spiegel was meer dan een spiegel. Het was… de Poort der Zielen. En dat betekende dat Nemmeza niet ver weg kon zijn. Het was alsof de duistere koningin zijn gedachten had gelezen.

'Kijk eens aan, wat een verrassing', klonk het gemaakt vriendelijk.

Roman en Vega konden hun ogen nauwelijks geloven en toch beseften ze maar al te goed dat wat ze zagen écht was.

'Nemmeza', stamelde Vega.

Haar gespeelde vriendelijkheid maakte meteen plaats voor furieuze woede, voor laaiende toorn.

'77 jaar!' riep ze met donderende stem. '77 jaar! Opgesloten! Maar weet je wat? Het heeft me alleen maar sterker gemaakt. Die zielige wereld die jullie zo angstvallig proberen te beschermen, zal worden gehuld in eeuwige duisternis. En dan... dan komen de demonen!'

Roman en Vega probeerden niet onder de indruk te zijn. Diep vanbinnen waren ze dat maar al te zeer, maar ze wisten het op zijn minst goed te verbergen.

'Snode plannen', zei Roman. 'Maar voorlopig sta je daar alleen wat te roepen in je bottengevangenis.'

Nemmeza's ogen spuwden vuur. Ze duwde een hand tegen een barst in de Poort der Zielen.

'T'kasjne!' riep ze.

Een bliksemschicht schoot naar Roman, die achteruit werd geblazen. Hij krijste het uit van de pijn.

'Als je dat andere oog ook kwijt wil, moet je vooral zo doorgaan, graafje', snauwde Nemmeza.

Vega sprong voor zijn goede vriend. 'Genoeg!' brulde hij. 'Wat wil je van ons?'

'Van jullie? Maar één ding', antwoordde Nemmeza. 'Ik wil dat jullie toekijken. Dat jullie getuige zijn van mijn glorieuze terugkeer. En dan sterven in de wetenschap dat jullie gefaald hebben.'

Nemmeza wendde zich tot Renvie. 'Kom nader', gebood ze.

Haar trouwe dienaar mankte nederig naar haar toe.

'Zijn jullie niets kwijt?' vroeg Nemmeza.

Renvie hield de ring van Roman en het fluitje van Vega in de lucht. 'Sukkels letten niet goed op', grinnikte hij.

Roman en Vega reikten naar hun voorwerpen. Ze ontdekten nu pas dat ze die niet meer hadden. Een ordinaire zakkenroller had ze gestolen en die ordinaire zakkenroller was Renvie.

Die legde de ring en de fluit in een van de knokige handen van de Poort der Zielen. Tegelijk toverde Nemmeza het medaillon van Juno tevoorschijn.

Vega herkende het meteen.
'Dat is Juno's ketting!' riep hij uit. 'Waar is ze? Juno?!'
Nemmeza lachte fijntjes. Ze klonk bijna lief toen ze weer sprak. 'Zo gehecht aan je vriendinnetje?'

De volgende die zich mocht verheugen in de bedenkelijke eer van Nemmeza's aandacht was de president. De wachters duwden haar tot voor de Poort.
'Mevrouw de president, doe waarvoor u gekomen bent', sprak Nemmeza. 'Hernieuw de kracht van de voorwerpen.'
'Nooit!' riep de president. 'Nooit zal ik me aan u onderwer...'

Nemmeza maakte een beweging met haar hand en de president werd als een veertje in de lucht getild door een duistere kracht. Ze hing spartelend in de lucht en snakte naar adem.
'Zo voorspelbaar', schudde Nemmeza afkeurend het hoofd. Toen verhief ze haar stem. 'Duisternis, help mij deze zwakke geest te breken, laat haar mond via mijn mond spreken!'
De president verstarde en bracht een hand naar voren.
In haar handpalm was het teken van de Hoge Raad zichtbaar.
Nemmeza en de president begonnen gelijktijdig te spreken.
'Vala isil. Toron morat. Contade lumina.'
Het teken in de handpalm van de president lichtte op.

Er schoten stralen uit naar de voorwerpen van Roman en Vega, en naar de hanger van Juno. De burcht begon te daveren op haar grondvesten en de barsten in de spiegel werden groter.

Ook op de portaalplek was de beving voelbaar. Zelfs in Schemermeer gingen de poppen aan het dansen. De vrolijke sfeer sloeg om in paniek en de inwoners vluchtten alle kanten uit.

'Ctulu mita. Forte magnare!' riep Nemmeza uit.

Een laatste straal licht vloeide weg uit de hand van de president. Toen viel de arme vrouw uitgeput neer.

Nemmeza slaakte een ijselijke kreet en de spiegel barstte open.

In de mensenwereld weerklonk een zware donderslag. De grond daverde zo hevig dat de Nachtwachters en Gideon tegen de grond gesmakt werden. Donkere wolken pakten zich samen boven het bos en het dorp.

Keelin krabbelde weer recht. Ze keek bezorgd en stak haar hand uit. 'Ze is vrij, ik voel het', zei ze somber.

HOOFDSTUK 18

OP ZOEK NAAR DE BURCHT

Oké, wie heeft een idee?' vroeg Wilko. Hij en de andere drie stonden nog steeds bij het portaal in het bos.

'De Morniaspreuk!' riep Vlad uit. 'Die spreuk uit het verhaal, die heeft haar vorige keer verslagen.'

'Ja, samen met de kracht van de voorwerpen, maar die van ons doen het niet meer', antwoordde Wilko.

Keelin knikte. 'Dat is zo, maar die spreuk lijkt me het enige dat we hebben.'

'We moeten die spreuk vinden. Misschien staat ze in Vega's boek?' zei Vlad.

'Is dat het plan?' reageerde Gideon vol ongeloof. 'Een spreuk zoeken? Ook al vind je die, met krachteloze voorwerpen heb je daar toch nog niets aan?'

Wilko keek Gideon vernietigend aan. 'Weet jij iets beters dan?'

Het bleef stil.

'Wij zijn nog steeds de Nachtwacht', zei Vlad. 'En als dit het einde van de wereld is, dan liever samen met jullie.'

'Ik geef niet op zolang wij samen zijn. Wij zijn de Nachtwacht', sprak Wilko. Hij stak zijn vuist uit.

Keelin en Vlad tikten ze aan met hun eigen vuist.

'De Nachtwacht, voor altijd', knikte Keelin.

Keelin, Vlad, Wilko en Gideon zetten koers naar Schemermeer. Het werd steeds donkerder buiten. Tussen de bomen kwam mist opzetten en het werd een pak kouder. Ook Schemermeer was in een dikke mist gehuld. Er was geen levende ziel meer te bespeuren. Schemermeer leek wel een spookdorp geworden.

Even later doorzochten de vier de geheime kamer. In het boek van Vega hadden ze de spreuk niet gevonden, dus moesten ze alles ondersteboven keren. Maar het was Gideon die plots met iets kwam aanzetten. Hij toonde een boek. 'Dit is een Atlas Occulta. Die kan ons misschien helpen om Vega, graaf Roman en de president te vinden', zei hij.

Hij legde het boek open op tafel, maar het bevatte alleen witte bladzijden.

'Er staat niets in!' zei Wilko.

'Enkel magiërs kunnen de geheimen van deze atlas ontsluiten', antwoordde Gideon. 'Obedien vetere!'

De spreuk miste haar effect niet. De pagina's van het boek kwamen in beweging en vielen toen stil.

Op de open bladzijden verscheen een getekende plattegrond met daarop een wirwar van gangen, trappen en zalen.

Keelin herkende de plek meteen. 'Dat is die burcht!' riep ze uit.

Ergens in een hoekje knipperden drie puntjes.

'Kijk, daar zijn ze: Vega, de president en mijn vader', wees Vlad.

'De burcht bevindt zich in de buitenste duisternis', las Gideon onder de plattegrond.

'Hoe komen we daar?' vroeg Vlad.

'Dat is onmogelijk. Te veel zwarte magie', antwoordde Gideon.

Maar Keelin had een idee. 'Juno!' zei ze. 'Die heeft me daar al eerder heen gebracht.'

Vlad keek haar verbaasd aan. 'Jij hebt Juno ontmoet?'

'Ja, Nemmeza houdt haar gevangen in een ketting en... Lang verhaal, geen tijd voor nu. Maar ze heeft me haar telepathische gaven gegeven. Ik probeer contact met haar te zoeken, zij kan me in dat kasteel krijgen en de kaart kan me naar Vega leiden.'

HOOFDSTUK 19

DE KERKER

Nemmeza ging uitdagend voor Roman en Vega staan, die nog steeds in bedwang werden gehouden door haar wachters. De president lag nog altijd uitgeteld op de stenen vloer, maar kwam langzaam terug bij haar positieven.

'Het gaat je niet lukken', zei Vega. 'Er is nog steeds een Nachtwacht.'

Nemmeza keek hem spottend aan. 'Die kinderen met die waardeloze voorwerpen, bedoel je? Ja ja, ik ben heel bang.' Ze hield de ketting met het medaillon voor Vega's gezicht. 'Zeg, zocht jij niet nog iemand?'

Ze maakte een gebaar en uitte een vreemde keelklank. In het medaillon dreven zwarte wolken uiteen en werd Juno zichtbaar.

Er ging een steek door Vega's hart. 'Juno, mijn lief!' riep Vega uit.

'Tiberius! Houd haar tegen!'

Vega worstelde om los te komen, maar de bewakers hielden hem stevig vast.

Nemmeza liet haar hand over het juweel gaan. Er gleed een zwart waas over het medaillon.

Juno schreeuwde het uit van de pijn.

Nemmeza hing de hanger rond haar hals. 'Een ding kan ik je beloven, Vega. Je ziet haar nooit meer terug. Ze zal een pijnlijke dood sterven. Alleen.'

Nemmeza gebaarde naar haar wachters. 'Sluit ze op!'

Terwijl Roman, de president en Vega werden weggevoerd, ging Nemmeza voor de Poort der Zielen staan. Ze spreidde haar armen.

'Al wat is, bevries in droefenis. Daal neer, o duisternis.'

De burcht begon op haar grondvesten te daveren.

In de geheime kamer concentreerde Keelin zich op Juno. Vlad hield Keelins handen vast. Het duurde een tijdje voor ze contact kon leggen. Even vreesde ze dat ze te laat was. Dat het medaillon en dus ook Juno vernietigd waren.

'Juno, hoor mij. Juno, waar ben je?' seinde ze telepathisch door.

Er kwam geen reactie.

'Niets. Het lukt niet', zei Keelin ongerust.

Vlad keek haar aan. 'Keelin, je mag niet opgeven', zei hij. 'Wij gaan Vega en mijn vader redden. Je kan dit. Jij kan dit.'

Hij nam Keelins handen en keek haar diep in de ogen. Keelin haalde diep adem, knikte en ondernam een nieuwe poging.

'Juno... Juno!'

Juno zweefde met gesloten ogen in het juweel, omgeven door donkere wolken. De telepathische stem van Keelin haalde haar uit haar verdoving. Ze opende haar ogen.

'Keelin?' klonk het plots.

'Daar is ze', zei Keelin met gesloten ogen tegen Vlad. Toen richtte ze zich tot Juno. 'Ik moet naar de burcht om mijn vrienden te redden. Help mij de oversteek te maken.'

'Je moet je haasten, de burcht is aan het instorten', zei Juno's stem in Keelins hoofd. 'Tel met me mee. Miné. Atta. Neldé.'

'Miné. Atta. Neldé', fluisterde Keelin.

Vlad hield nog steeds haar handen in de zijne. Meteen nadat ze 'Neldé' had gezegd, gingen de twee op in het niets.

Wilko keek naar de plek waar daarnet zijn vrienden nog hadden gestaan.

'Allebei?' stamelde hij.

Keelin en Vlad verschenen in een van de gangen van de burcht, die inderdaad op haar grondvesten daverde.

Vlad keek verbaasd om zich heen. 'Ik ben meegekomen', zei hij.

'Omdat we elkaar vasthielden, denk ik', antwoordde Keelin.

De twee namen de omgeving in zich op.

'Vega... Vader!' riep Vlad. Maar er kwam geen antwoord.

Keelin sloot haar ogen en concentreerde zich op Wilko en Gideon. 'Wilko, hoor je me?'

In de geheime kamer zagen Wilko en Gideon tot hun grote opluchting twee stipjes verschijnen op de kaart in de Atlas Occulta.

'Daar zijn ze!' wees Wilko. 'Maar ze zijn nog ver weg van Vega, Roman en de president.'

'Wilko! Gideon! Hoor me', seinde Keelin door.

'Keelin! Ik hoor je!' reageerde Gideon.

Wilko schrok op. Hij had helemaal niets gehoord.

Keelin opende even haar ogen. 'Gideon hoort me', zei ze tegen Vlad. Toen richtte ze zich weer tot de magiër. 'Welke kant moeten we op?' vroeg ze in haar hoofd.

'Vlakbij is een splitsing, zie je die?' vroeg Gideon.

'Een splitsing', ze Keelin tegen Vlad.

Ze keken om zich heen.

'Daar!' wees Vlad.

'We zien ze', seinde Keelin door naar Gideon.

'Ga daarheen en neem de rechtergang', antwoordde de magiër.

Keelin volgde Gideons aanwijzing en Vlad volgde haar. Op de kaart in de geheime kamer gingen de twee stipjes die Vlad en Keelin voorstelden de juiste richting uit.

De hemel boven Schemermeer werd verlicht door felle bliksemflitsen, die ook de geheime kamer deden oplichten. Wilko liep naar het raam en zag dat ze ontstonden boven het bos. Hij had het gevoel dat hij ernaartoe moest.

'Ik ga checken wat dat is', zei hij tegen Gideon.

Die knikte en focuste toen weer op de plattegrond voor hem. Hij communiceerde via telepathie met Keelin en stuurde haar de juiste kant uit.

Keelin en Vlad daalden een trap af. De burcht ging steeds feller schudden. Overal zweefde stof.

'Rechts om de hoek', zei Gideons stem in Keelins hoofd. 'Daar ergens moeten ze zijn.'

'Vega?' riep Keelin.

'Vader?' riep Vlad.

'Hier!' antwoordde de stem van Vega, die achter het traliewerk van een kerker opdook. Keelin en Vlad snelden naar hem toe.

'Zijn jullie in orde?' vroeg Vlad bezorgd.

'De president is er slecht aan toe', antwoordde zijn vader. 'We moeten hier weg voor alles instort.'

'Zien jullie ergens sleutels?' vroeg Vega. Maar de wachters van Nemmeza waren wel zo slim geweest om die niet achter te laten.

'We transformeren', zei Vlad. 'Met onze vampierkracht kunnen we...'

Zijn vader onderbrak hem. 'Al geprobeerd en het lukt niet.'

Keelin knikte. 'Er is te veel zwarte magie hier.'

Zij en Vlad rammelden aan de tralies, maar er kwam geen sikkepit beweging in.

Ondertussen begonnen er kleine brokstukken naar beneden te komen. Het zou niet lang meer duren voor de hele burcht zou instorten...

HOOFDSTUK 20

DEMONEN

Wilko keek vanuit het struikgewas toe hoe Nemmeza en haar gevolg zich verzameld hadden rond de Poort der Zielen, die niet langer in de burcht stond, maar tegenover het portaal in het bos, omgeven door fakkels.

'Demonen, de tijd van wachten is voorbij. De Poort der Zielen maakt u eindelijk vrij. Ieder in het duister die mij hoort, richt uw krachten op de Zielenpoort!' riep Nemmeza uit.

Een bliksem daalde neer en raakte de poort. De ogen van de doodskop lichtten rood op en zwarte vormen schoten uit de poort naar buiten, het bos in. Ze scheerden over Wilko heen, die met grote ogen keek naar de duistere krachten die de mensenwereld binnendrongen.

In de onderaardse gangen van de burcht zag de toestand er steeds uitzichtlozer uit voor Wilko's vrienden. De brokstukken werden groter en groter en het zou niet lang meer duren voor iedereen levend begraven zou worden.

'Keelin? Kan je me horen?'

Dat was de stem van Juno! Keelin kreeg een sprankel hoop in haar ogen. 'Juno?' antwoordde ze telepathisch.

'Nemmeza is de Poort der Zielen aan het openen. Jullie moeten haar stoppen!'

'Kan je ons helpen hier weg te komen?' vroeg Keelin.

'Pak elkaars handen, snel!'

Keelin keek Roman, Vega en de president aan. 'Juno kan ons helpen om hier weg te komen. We moeten elkaars handen vasthouden.'

Vega en Roman hielpen de verzwakte president overeind en ondersteunden haar tot bij het traliewerk. Aan de andere kant stonden Keelin en Vlad al klaar.

'Pak elkaars handen en sluit je ogen', zei de stem van Juno in Keelins hoofd. 'Zijn jullie klaar?'

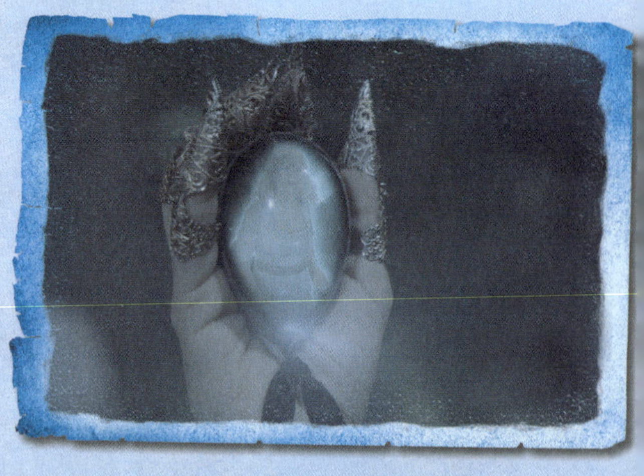

Nemmeza voelde de activiteit in het medaillon. Ze rukte het van haar nek en keek giftig naar Juno.

'Je probeert je vriendjes toch niet te helpen? Ongehoorzaam tot het eind!'

'O nee...' communiceerde Juno. 'Keelin, snel. Miné...'

Verder kwam Juno niet. Het enige wat Keelin nog hoorde, was een kreet die door merg en been ging.

Op de open plek in het bos gooide Nemmeza het juweel in de lucht terwijl ze tegelijk een van haar keelklanken maakte. Het medaillon bleef in de lucht hangen en werd quasi meteen getroffen door bliksemschichten. Wilko keek ontzet toe.

'Juno!' riep Keelin uit.
Vega keek haar ongerust aan. 'Wat is er?' vroeg hij.
'Ze... ze is weg', stamelde Keelin.
Toen leek ze iets te bedenken. 'Wacht!' zei ze.
Keelin sloot haar ogen en zocht telepathisch contact met Wilko.
'Wilko... Ben je daar?'
De weerwolf hoorde Keelins stem in de verte.
'Keelin?' antwoordde hij.
'Het juweel... red het juweel, snel.'
Het contact werd weer verbroken.
'Heeft hij je gehoord?' vroeg Vlad aan Keelin.
'Ja, maar nu ben ik hem kwijt.'
Vlads gezicht stond grimmig. 'Ik hoop dat hij snel is', zei hij.

Wilko sloop naar Nemmeza. Die was bepaald in haar element.
'Demonen blijf uw krachten geven. O Zielenpoort kom tot leven!' riep ze uit.
Wilko zag dat het medaillon nog altijd in de lucht zweefde. Het geluid van krakende takken deed hem opschrikken. Hij draaide zich gespannen om. In de nevelslierten stonden een paar silhouetten en je kon veel van ze zeggen, maar niet dat ze vriendelijk keken.

De gezichten die Wilko zag, waren hem vertrouwd en tegelijk ook niet. Ze zagen er zo anders uit. Alsof het zombies waren.

'Cooper?' zei Wilko.

De gedaantes stapten op hem af. Ze bewogen op een houterige manier en hun ziel, hun ware ik, leek niet meer te bestaan.

'Hallo wolfje', zei Helena.

'Tijd om te sterven', vervolgde Sacha.

Wilko deinsde achteruit. Dit waren niet de mensen die hij kende. Dit waren lichamen die willoos gebruikt werden door demonen. Hij wist dat het geen zin had op hen in te praten, maar probeerde het toch.

'Helena... Sacha! Word wakker!' riep Wilko.

Achter hem doken twee wachters van Nemmeza op. Wilko werd ingesloten. Hij kon geen kant meer uit.

'PLOF!'

Iemand liet iets met een grote kracht neerkomen op de grond. Die iemand was Gideon en dat iets was zijn staf.

'Wilko, duiken, nu!' riep de magiër. Hij bracht zijn staf in beweging.

Wilko liet zich snel op de grond vallen en zag hoe Gideon met een maaibeweging en een spreuk korte metten maakte met zijn belagers.

'Stupefé!' riep Gideon.

Een straal schoot uit de staf en werkte iedereen tegen de grond. De demonen en de wachters bleven uitgeteld liggen.

Wilko veerde recht.

'Voer Keelins opdracht uit!' zei Gideon.

'Ik leid Nemmeza wel af!'
Wilko knikte naar Gideon. 'Wacht tot ik bij haar in de buurt ben.' Die magiër had net zijn eerbied en vriendschap gewonnen.
Er kwam weer leven in de demonen. Gideon zag het.
'Gezwinde spoed, heer weerwolf!' zei hij nog. Dat moest je geen twee keer zeggen tegen die weerwolf.

Donkere gedaantes schoten uit de Poort der Zielen. Nemmeza strekte haar armen. Het was alsof ze die demonen in zichzelf opnam. Alsof ze brandstof voor haar waren. Met elke nieuwe gedaante die in haar opging, werden haar ogen zwarter.
'Ja, mijn vlees is het uwe, uw kracht is de mijne!' declameerde ze plechtig.
Wilko was tot op enkele meters genaderd. Hij keek naar Gideon, die aan de andere kant van Nemmeza gebaarde dat hij klaar was voor de strijd. Wilko knikte.
Gideon sprong tevoorschijn uit het kreupelhout.
'Keer terug naar de duisternis, demon!' riep hij. 'Excalliarma!'

Uit zijn toverstaf schoot een straal recht naar Nemmeza, maar die zond ze met een handbeweging terug naar de magiër. Achter haar nam Wilko een aanloop.

Met een reuzensprong plukte hij het medaillon uit de lucht. Op datzelfde moment werd Gideon vol geraakt door zijn eigen magische straal. Hij vloog meters achteruit. Nemmeza keek om zich heen en merkte Wilko op. Met een snelle beweging van haar hand stuurde ze een straal zijn kant uit. Wilko kon ze maar nipt ontwijken. Hij dook weg tussen een paar bomen en spurtte ervandoor.

'Grijp hem!' brieste Nemmeza tegen haar wachters en demonen.

In de kerkers van de burcht dachten Vlad, Keelin en co dat hun laatste seconde geslagen had. Het regende brokstukken. Nog even en er zou geen burcht meer zijn, alleen een gigantische berg puin.

'Keelin!'

Daar was de stem van Juno, terug van weggeweest.

'Daar is ze!' riep Keelin uit. 'Handen geven, iedereen!'

'Sluit je ogen', zei Juno. En toen klonk het vertrouwde 'Miné. Atta. Neldé.'

'Miné. Atta. Neldé', herhaalde Keelin.

HOOFDSTUK 21

HERENIGD

Het contrast kon niet groter zijn: van de instortende krochten van Nemmeza's burcht naar de vertrouwde gezelligheid van de geheime kamer. Vlad en Keelin haalden opgelucht adem toen ze zagen dat hun plan had gewerkt. Ook Vega, Roman en de president waren heelhuids uit de strijd gekomen, al was de president nog steeds verzwakt door wat Nemmeza met haar gedaan had. Vlads vader en Vega hielpen haar naar de zetel, waar ze zich dankbaar in liet zakken.

Keelin zocht meteen contact met Wilko. Die probeerde vooral uit handen te blijven van zijn achtervolgers.

'Wilko,' klonk het in zijn hoofd, 'het is gelukt. Kom naar de geheime kamer.'

Zijn hart maakte een sprong van opluchting. Nemmeza was nog niet verslagen, wist hij. Maar nu waren ze tenminste weer allemaal herenigd en konden ze samen de strijd met dat vreselijke creatuur aangaan. Wilko rende zo snel als zijn weerwolvenbenen hem dragen konden terug naar Schemermeer.

'Mooi dat jullie terug zijn', was het eerste wat hij zei toen hij niet veel later in de geheime kamer arriveerde.

'Bedankt!' zei Vlad. 'Dat scheelde geen haar.' Hij keek of er niet nog iemand was meegekomen met Wilko. ' Waar is Gideon?' vroeg hij.

'Buiten gevecht gesteld', antwoordde Wilko, die zich vervolgens tot Vega richtte.

'Vega, ik heb iemand voor je.'

Hij overhandigde Vega het medaillon.

Diens gezicht klaarde op toen hij Juno zag.

'Tiberius', zei ze. 'Dat is lang geleden.'

'Ja,' knikte Vega, 'en het is vooral tijd om je uit dat medaillon te halen.'

Hij legde het in zijn geopende hand en begon meteen aan de spreuk die hij lang geleden al uit zijn hoofd had geleerd.

'Duisternis zwicht voor de kracht van het licht.

Straal, straal en blijf stralen, duivelse krachten kunnen slechts falen.

Buig, vuile demon, buig voor de kracht van de zon. Eldali, Samaril, Amar!'

Het juweel lichtte op in Vega's handpalm. Het begon steeds feller te stralen. En toen gebeurde het: Juno verscheen als een wezen van vlees en bloed. Vega kon zijn ogen nauwelijks geloven.

'O, Tiber... Mijn lief', zei ze zacht.

Hij keek diep in haar ogen. 'Juno, lieve Juno... ik heb je zo lang gezocht.'

Buiten was het nog steeds aan het weerlichten en de herberg daverde plots weer in al haar stenen en kieren.

'Euh… sorry dat ik even onderbreek,' zei Wilko, 'maar die Nemmeza is volgens mij bijna klaar met die poort.'

'Hoe krijgen we dat ding weer gesloten, voor het te laat is?' vroeg Vlad.

'Het is al te laat', zei de president dof. 'Nemmeza is te sterk. We zijn verslagen.'

Daar dacht Keelin wel even anders over. 'Mevrouw de President, met alle respect, maar u heeft ons niet aangenomen om op te geven', zei ze.

Wilko trad haar bij. 'Wij zijn nog altijd de Nachtwacht.'

'En wij gaan Nemmeza stoppen, al is dat het laatste dat we doen', besloot Vlad.

'Maar hoe?' vroeg de president. 'Hoe willen jullie haar verslaan?'

'Met de Morniaspreuk', antwoordde Vlad.

Juno keek Vega aan. 'Daarmee hebben wij haar overwonnen', zei ze.

'Maar tegen welke prijs?' protesteerde Vega. 'We kunnen hen toch niet…'

Wilko onderbrak hem. 'Vega, jij hebt ons geleerd dat opgeven niet bestaat. Waar is die spreuk?'

Vega knikte. 'Goed,' zei hij, 'maar er wordt niet gelachen als ik transformeer, begrepen?'

Hij transformeerde en vooral Vlad, Keelin en Wilko keken stomverbaasd naar zijn magische gedaante. Vega had hoorns en bokkenpoten en het grappigste van al was wel die bokkensik!

'Ben jij... een faun?' stamelde Wilko. De anderen schoten natuurlijk wél in de lach, ondanks de waarschuwing van Vega.

'Laat ze maar', troostte Juno hem. 'Je bent een prachtige faun. Waar is de Morniaspreuk?'

'In naam van Faunus en Pan beveel ik, Tiberius Vegadeo del Rey: Morniaspreuk verschijn!'

Er donderde een papyrusrol op Vega's hoofd. 'Hier is hij', zei hij. 'En nu?'

'Ik heb misschien wel een plan', zei Vlad. Hij richtte zich tot de president. 'Kan u onze voorwerpen opladen?'

De president knikte. 'Ik geef jullie alles wat ik heb.'

HOOFDSTUK 22

DE MORNIASPREUK

Vlad, Keelin en Wilko kwamen aan bij de open plek in het bos. De Poort der Zielen had een reusachtige omvang aangenomen, net als Nemmeza zelf. Wilko schatte dat ze allebei zo'n 5 meter hoog waren.

'Dat is een vrij groot probleem geworden', zei hij droog.

'Denk je dat je plan gaat werken?' vroeg Keelin aan Vlad.

'Ik weet het niet', antwoordde Vlad naar waarheid.

'Niets anders dan anders dus', grapte Wilko.

De drie glimlachten even, maar beseften dat ze niet gekomen waren om wat te dollen met woorden.

'Kom,' zei Keelin, 'we sturen haar terug.'

De Nachtwachters wandelden in de richting van Nemmeza en vonden Renvie op hun pad. Hij graaide gretig in een kistje met juwelen, goud en andere kostbaarheden die hij verzameld had. Hij versierde zichzelf met zijn pas veroverde rijkdommen. Vlad, Keelin en Wilko leken hem maar matig te interesseren. Hij keek hen vermakelijk aan.

'Koningin aanvallen?' lachte hij. Het zicht op de grafzerken in zijn mond kregen de drie vrienden er weer gratis bij. 'Goed idee! Nachtwachtertjes doodgaan!'

Keelin, Vlad en Wilko negeerden hem en Renvie vroeg ook niets liever. Hij wilde spelen met zijn goud en juwelen.

Toen ze Nemmeza dicht genoeg genaderd waren, haalden de drie hun voorwerpen boven. Ze richtten ze naar Nemmeza. Keelin hield ook de papyrusrol met de Morniaspreuk in haar handen.

'Mornia, moriata, merakulum', zei Keelin. Prompt schoten er stralen uit hun voorwerpen, andere stralen dan ze gewend waren van de ad inferos-spreuk.
Ze raakten Nemmeza midden in de rug en ze slaakte een pijnlijke kreet. Die draak van een demon draaide zich om, strekte haar hand en vuurde een magische straal af op de Nachtwachters.

Wilko maakte net op tijd een hoge sprong en landde op een stevige boomtak, terwijl Vlad Keelin beetgreep en met vampiersnelheid achter een boom wegdook. Ze bleven alle drie ongedeerd, maar niet iedereen had zoveel geluk. De straal van Nemmeza raakte Renvie vol op zijn borst. Hij loste krijsend op in een zwarte rookpluim. De juwelen waarmee hij zichzelf net nog behangen had, vielen op de grond. Zo ook het halssnoer van Sacha, de ring van Roman en het dwarsfluitje van Vega. De juwelen landden naast de kist.

Er verscheen een gemene grijns op het gezicht van Nemmeza. Ze leek wel een roofdier dat bloed had geroken. 'Ach, de kindertjes van de Nachtwacht', zei ze smalend. 'Durven jullie nog, of moet ik jullie komen halen?'

Vlad knikte naar Keelin en maakte zich toen met

vampiersnelheid uit de voeten om verderop een andere positie in te nemen. Keelin wist wat haar te doen stond. Zoals afgesproken stuurde ze Vlad een stukje van de Morniaspreuk door via telepathie, want die gave van Juno had ze nog steeds.

'Incata, infirius.'

Vlad sprong tevoorschijn, richtte zijn ring naar Nemmeza en riep 'Incata, infirius.'

Opnieuw werd Nemmeza geraakt, maar ze was niet erg onder de indruk en schoot weer een straal af op Vlad, die dankzij zijn vampiersnelheid de dans wist te ontspringen.

Wilko wist wat hem te doen stond. Hij sprong uit de boom en viel Nemmeza aan vanuit een andere hoek. Hij richtte zijn armband.

'Cada veribus!' riep Wilko, daarmee de woorden herhalend die hij Keelin hoorde zeggen in zijn hoofd.

Een nieuwe straal sloeg in op Nemmeza, die zich ook deze keer verdedigde. Wilko verdween net op tijd achter een stevige boom en Nemmeza's aanval werd opgevangen door de dikke stam.

Nu sprong Keelin tevoorschijn. 'Incuratus descenda!' riep ze.

En weer werd Nemmeza vol geraakt door de straal uit Keelins hanger.

Nemmeza werd woester en woester, maar ze was ook niet achterlijk. Toen Vlad weer in de aanval ging, stond ze klaar.

'Pandemonia pythonisa!' riep Vlad.

Nemmeza vuurde tegelijk een magische straal af op hem. Hij sprong weg, maar haar bliksem schampte nog af op zijn been. Vlad rolde naar een plek onder de struiken, uit Nemmeza's zicht.

'Immunda sangius', seinde Keelin door naar Wilko.

Wilko kwam vanachter zijn boom. 'Immunda sang...' riep hij, maar hij kon de spreuk niet afmaken. Nemmeza was hem voor en vuurde een straal af naar een van de rotsblokken rond het portaal. Het ding ging tegen de vlakte

en Wilko werd bedolven onder een loodzwaar stuk massieve steen. Hij schreeuwde het uit van de pijn.

Nemmeza grijnsde vals en stapte op de boom af waar Keelin zich achter verschanst had. 'Elfje, ik kom voor je', zei ze plagerig.

Wilko probeerde zich vrij te maken, maar dat was onbegonnen werk zonder hulp. Vlad zag hoe Nemmeza nu bijna bij Keelin was.
Hij krabbelde overeind en hinkte naar de open plek, klaar om aan te vallen.

Maar een hand op zijn schouder hield hem tegen.

'Wacht', zei een vertrouwde stem.

Vlad keek op en zag zijn getransformeerde vader naast hem staan.

'Je dacht toch niet dat we jullie alles alleen lieten oplossen?'

Roman schoof zijn ring rond zijn vinger. Hij was maar wat blij dat hij hem had teruggevonden tussen de geroofde juwelen van Renvie.

'Nu ben je vast wel blij een faun te zien', klonk het ergens achter Wilko. Vega gooide al zijn spierkracht in de strijd en wist het rotsblok net genoeg op te tillen om Wilko te bevrijden.

Keelin vreesde dat haar laatste minuut geslagen had. Nemmeza was nu vlakbij.

'Keelin. Een disarmaspreuk, dan kan ze even niet aanvallen', zei een stem in haar hoofd.

Dat was Juno!

'Maar die gaat toch niet sterk genoeg zijn?' stuurde Keelin terug.

'Wel als we het met zijn drieën doen. Gideon, op mijn teken...' kreeg Keelin terug geseind.

Keelin keek opzij en zag Gideon. Hij stond verdekt opgesteld

Juno sprong tevoorschijn achter Nemmeza. 'Hé, neem eens iemand van je eigen grootte!' riep ze uitdagend.

Nemmeza keek Juno verrast aan.

'Nu', seinde Juno door.

Keelin kwam vanachter haar boom en gooide elfenstof naar Nemmeza. 'Disarma magnatum', riep ze.

Vervolgens verliet Gideon zijn schuilplaats. Hij richtte zijn staf op Nemmeza en herhaalde de spreuk.

'Disarma magnatum!'

'Disarma magnatum!' riep nu ook Juno.

Nemmeza werd drie keer vol geraakt door de ontwapeningsspreuk en dat miste zijn effect niet. Ze probeerde een straal af te vuren op haar belagers, maar er gebeurde niets.

Keelin nam er snel de papyrusrol met de Morniaspreuk bij en zond ze via telepathie naar Vlad en Wilko. Juno deed hetzelfde met Vega en Roman.

De oude en de nieuwe Nachtwacht sloten Nemmeza in, terwijl ze samen steeds maar dezelfde spreuk herhaalden en hun voorwerpen op haar gericht hielden.

'Inferna cadavra. Dionus specula. Capternum perpetua', zeiden ze in koor, opnieuw en opnieuw en opnieuw.

Nemmeza krijste het uit. Ze kon geen kant uit, want ze was aan alle kanten omsingeld.

En toen gebeurde het: ze begon te krimpen en samen met haar werd ook de Poort der Zielen kleiner.

VALS!

Alle zwarte gedaanten die eerder uit de Poort ontsnapt waren, werden er nu weer ingezogen. Als laatste werd Nemmeza zelf opgeslokt. De Poort der Zielen werd weer de spiegel die hij was, een spiegel waarachter Nemmeza te zien was, buiten zinnen van woede. Ze sloeg op het glas en schreeuwde haar toorn uit, maar ze was niet te horen. Ze was beeld zonder klank.

Juno, Vega en Roman zetten een paar stappen achteruit.

'Jullie weten wat te doen', zei Vega.

'Echt wel', antwoordde Wilko. 'Weg met dat lelijke ding.'

'Bedoel je de Poort of dat schepsel dat erin zit?' vroeg Vlad met een glimlach.

'Allebei!' zei Keelin.

De drie vrienden richtten hun voorwerpen op de Poort der Zielen. Ze keken naar elkaar en knikten.

'Ad inferos!' riep Keelin.

De grond daverde, een paar tellen lang. De stralen beukten in op de spiegel met daarin Nemmeza. Met een laatste oogverblindende flits verdween de Poort naar de onderwereld.

Keelin, Vlad en Wilko vielen elkaar in de armen. Ze werden in de gaten gehouden door iemand in het struikgewas. Er verscheen een glimlach op het gezicht van de president, die alles had gezien.

HOOFDSTUK 23

COOPER DANST

Het was druk in de geheime kamer. Iedereen stond verzameld rond de president, die de oude en de nieuwe Nachtwacht toesprak. Natuurlijk was ook Gideon de magiër erbij.

'De Poort met Nemmeza erin is gevonden in de onderwereld', zei de president. 'En deze keer wordt ze erg goed opgeborgen. Leden van de Nachtwacht, in de tijd van diepste wanhoop, ook bij mijzelf, hebben jullie niet opgegeven en tegen alle verwachtingen in het kwaad verslagen.

Ik dank jullie, namens alle werelden.'

De president boog haar hoofd.

'Zonder elkaar was het niet gelukt', antwoordde Vlad. 'En Gideon, je hebt je een waardig opvolger getoond.'

Wilko en Keelin knikten.

'Het was mij een eer met u allen te mogen strijden', zei Gideon plechtig. 'Uw opvolger zal ik voorlopig echter niet zijn, heer Vladimir.'

Gideon wendde zich vervolgens tot de president. 'De band die deze Nachtwacht heeft, mag niet door mij worden verbroken. President, ik vraag u om deze drie helden bij elkaar te houden, zolang zij dat wensen.'

De drie Nachtwachters keken elkaar hoopvol aan. De president zag er vooral verrast uit.

'Bij elkaar blijven?' antwoordde ze. 'Maar...'

'Het gebod van 77 is een grote vergissing gebleken', zei Roman. 'Laten we de leden van de Nachtwacht zelf laten bepalen wat ze doen. Ze zijn verstandig genoeg.'

Juno knikte enthousiast. 'Daar sluit ik me volmondig bij aan. Ik zou durven te zeggen: verstandig genoeg én dapper genoeg!'

Vega keek Keelin, Wilko en Vlad gespeeld streng aan. 'Zolang er maar geen grapjes over bokkenpoten worden gemaakt', knipoogde hij.

'Dat zouden wij nooit doen', reageerde Wilko met de onschuld van een lam.

'Nee, natuurlijk niet', trad Keelin hem bij.

De president liet haar ogen over het hele gezelschap dwalen. 'Goed,' zei ze uiteindelijk, 'dan is het gebod van 77 bij deze ingetrokken. Vlad, blijf zolang je wil.'

De drie Nachtwachters vielen elkaar opgelucht in de armen.

'Gaan we dan nu eindelijk dansen, voordat ik terug in mijn boek moet?' maande Vega hen aan.

'Dansen. Is dat niet lastig, op hoefjes?' plaagde Wilko.

Vega keek hem vernietigend aan. 'Wilko!'

Keelin deed er nog een schepje bovenop. 'Oei, hij heeft de bokkenpruik op', lachte ze.

'Geen! Bokken! Grappen!' brieste Vega.

Hij liep de geheime kamer uit, op de voet gevolgd door de anderen.

Buiten op het dorpsplein was het feest in volle gang. De muzikanten speelden de pannen van het dak en iedereen was uitgelaten en blij. Het was alsof de dorpelingen nooit bezeten waren geweest door de demonen van Nemmeza.

Vega keek Juno plechtig aan en stak zijn arm naar haar uit. 'Kom mijn lief, en laat deze nacht voor eeuwig duren.' Hij keek streng naar de drie Nachtwachters. 'Zonder hen', voegde hij eraan toe. Even later veroverden hij en Juno de dansvloer.

Sacha stapte op Wilko, Vlad en Keelin af. 'En dan zijn er hier drie die geen enkele moeite hebben gedaan om eens iets anders aan te trekken. Leuk hoor', foeterde ze.

'We zijn nu eenmaal luie types', lachte Keelin.

Wilko tastte naar iets in zijn broekzak. 'Maar... ik heb wel deze teruggevonden.'

Hij hield Sacha's halssnoer in de lucht en hing het toen rond haar nek.

Sacha greep zijn armen beet. 'Wilko, zo lief', zei ze zacht. Het leek alsof ze hem elk moment op de mond zou kussen.

'Euh... een dansje?' zei Wilko snel. Hij trok Sacha de dansvloer op.

'Jonkvrouw Keelin?' Gideon maakte een buiging en stak zijn hand uit naar Keelin, die in dank aanvaardde, maar wel het puntje op de i zette. 'Zonder jonkvrouw dan', zei ze.
'Keelin', zei Gideon.
'Gideon', antwoordde zij.

Vlad en Roman keken toe hoe hun vrienden zich uitleefden op de dansvloer.
Wat verderop raapte Cooper al zijn moed bij elkaar. Hij stapte op Helena af. 'Zeg, Helena... Wat ik wilde vragen... Ik bedoel...' stamelde hij.
'Ja, Coop?' vroeg de herbergierster.
De ranger aarzelde even. 'Kan mij het ook schelen', zei hij toen. 'Helena, mag ik deze dans van je?'
Helena lachte. 'Ik dacht dat je het nooit zou vragen!'

Ze gaf Cooper een zoen op de mond en sleurde hem mee.

Roman keek zijn zoon aan. 'Je had gelijk over dat domme gebod van 77. Ik had dat nooit moeten doorduwen in de Raad. Ik ben trots op je, zoon.'

'Dank u, vader', antwoordde Vlad plechtig. Hij wilde een formele buiging maken, maar daar wilde Roman deze keer niets van weten.

'Kom hier!' zei hij, terwijl hij Vlad naar zich toe trok en vervolgens stevig tegen zich aandrukte.

Even bleven ze zo staan. Toen liet Roman weer los.

'En nu feesten, komaan!' lachte hij.

EVENEENS VERKRIJGBAAR: